Bucătăria Dulce
Rețete de Torturi și Delicii Culinare

Elena Radu

Continuturi

Tort cu piersici 12

Tort marsala cu portocale 13

Tort cu piersici si pere 14

Tort de ananas 15

Tort cu ananas si cirese 16

Tort de Crăciun cu ananas 17

ananas cu capul în jos 18

Tort cu nuci de ananas 19

Tort cu zmeura 20

Tort cu rubarbă 21

Tartă cu rubarbă cu miere 22

Prajitura cu sfecla rosie 23

Prajitura cu morcovi si banane 24

Prajitura cu morcovi si mere 25

Prajitura cu morcovi si scortisoara 26

Tort cu morcovi și dovlecei 27

Tort Morcov Ghimbir 28

Tort cu morcovi și carne de vită 29

Tort cu morcovi, portocale si vita 30

Tort cu morcovi, ananas și nucă de cocos 31

Prajitura cu morcovi si fistic 32

Prajitura cu morcovi si nuci 33

Tort picant de morcovi 34

Tort cu morcovi cu zahăr brun 36

Prăjitură cu dovlecel şi sâmbure 37

Prajitura cu dovlecei si portocale 38

Tort cu condimente de dovleac 39

Tort cu dovleac 41

Temut plăcintă cu dovleac 42

Rulada de dovleac picant 43

Prajitura cu rubarba si miere 45

Tort cu cartofi dulci 46

Tort italian de migdale 48

Prajitura cu migdale si cafea 49

Prajitura cu migdale si miere 50

Prajitura cu migdale si lamaie 51

Tort cu migdale cu portocale 52

Tort bogat de migdale 53

Tort suedez cu macaron 54

pâine cu nucă de cocos 55

O prăjitură cu nucă de cocos 56

Tort auriu cu nuca de cocos 57

Tort cu strat de nucă de cocos 58

Tort cu nucă de cocos şi lămâie 59

Tort de Cocos de Anul Nou 60

Tort sultană cu nucă de cocos 61

Tort crocant de vita 62

Prajitura cu carne mixta 63

Prajitura greceasca de vita 64

Tort cu inghetata cu nuca 65

Tort cu nuca cu crema de ciocolata 66
Tort cu miere si scortisoara 67
Batoane de migdale și miere 68
Crumble de mere și coacăze negre 70
Batoane de caise și ovăz 71
Cartofi prajiti cu caise 72
Batoane cu banane cu nuci 73
brownie americane 74
Brownies cu ciocolata fudge 75
Brownies cu nuca si ciocolata 76
Batoane de unt 77
Tava de copt cu caramel de cirese 78
Tava de cuptor cu chipsuri de ciocolata 79
Strat de crumble de scorțișoară 80
Batoane de scorțișoară delicioase 81
Batoane cu nucă de cocos 82
Sandwich-uri cu gem de cocos 83
Curtal și coacere cu mere 84
Felii de curmale 85
Citatele bunicii 86
Batoane cu curmale și ovăz 87
Batoane de curmale și nuci 88
Batoane de smochine 89
Flapjacks 90
Flapjacks de cireșe 91
Flapjacks de ciocolată 92
Plăcinte cu fructe 93

Flapjacks cu fructe și nuci 94
Flapjacks de ghimbir 95
Flapjacks de nucă 96
Biscuiți crocanți cu unt de lămâie 97
Dale de piele intoarsa si nuca de cocos 98
Bună Dolly Cookies 100
Batoane cu nucă de cocos și ciocolată 101
Cutii cu alune 102
Felii de portocale pecan 103
Parcul 104
batoane cu unt de arahide 105
Farfurii pentru picnic 106
S-au servit ananas și nucă de cocos 107
Prajitura cu drojdie de prune 108
Batoane americane cu dovleac 110
Batoane de gutui și migdale 111
Batoane cu stafide 113
Patratele de fulgi de ovaz cu zmeura 114
Bezele cu scorțișoară 115
Glazura Glazura 116
Glazură de cafea cu gheață 116
Glazura de lamaie 117
Glazura portocalie 117
Glazură de rom cu gheață 118
Glazura congelata de vanilie 118
Glazura de ciocolata la cuptor 119
Umplutura de ciocolata si nuca de cocos 119

Topping de caramel 121

Umplutură dulce de brânză cremă 121

Glazură de catifea americană 122

glazură cu cremă de unt 122

Glazura de caramel 123

Glazura de lamaie 123

Glazură cu cremă de unt de cafea 124

Lady Baltimore Frosting 125

glazură albă 126

Glazur alb-crem 126

glazură albă pufoasă 127

glazura cu zahar brun 128

Glazură cu cremă de unt de vanilie 129

crema de vanilie 130

Umplutură cu cremă 131

Umplutură de cremă daneză 132

Umplutură bogată de cremă daneză 133

cremă 134

Umplutura cu crema de ghimbir 135

Garnitura de lamaie 136

Glazura de ciocolata 137

glazura de tort cu fructe 138

Glazură de prăjitură cu fructe de portocale 138

Patrate de bezea de migdale 139

picături de înger 140

Fulgi de migdale 141

Tartele Bakewell 142

Biscuiți cu fluturi de ciocolată 143

Fursecuri cu nucă de cocos 144

Brioșe dulci 145

boabe de cafea 146

Eccles Cookies 147

Biscuiți cu zâne 148

Prajituri de zana glazurate cu pene 149

fantezii genoveze 150

Macaroane cu migdale 151

Macaroon cu nucă de cocos 152

Macaroane cu lime 153

Macaroane cu fulgi de ovăz 154

Madeleine 155

Clatite martipan 156

briose 157

Briose cu mere 158

Briose cu banane 159

Brioșe cu coacăze negre 160

Briose americane cu afine 161

Brioșe cu cireșe 162

brioșe de ciocolată 163

Brioșe de ciocolată 164

brioșă cu scorțișoară 165

Brioșe cu făină de porumb 166

Briose cu smochine întregi 167

Brioșe cu fructe și tărâțe 168

Briose cu ovăz 169

Brioșe cu fulgi de ovăz și fructe 170

Briose cu portocale 171

Briose cu piersici 172

Brioșe cu unt de arahide 173

Briose cu ananas 174

Briose cu zmeură 175

Brioșe cu lămâie și zmeură 176

Briose Sultana 177

Briose în sirop 178

Brioșe cu sirop de fulgi de ovăz 179

Pâine prăjită cu fulgi de ovăz 180

Omletă cu căpșuni și ciuperci 181

Biscuiti cu menta 182

Fursecuri cu stafide 183

Strugurii cheamă 184

Prajituri cu zmeura 185

Prajituri cu orez brun si floarea soarelui 186

prăjituri rock 187

Biscuiți cu piatră fără zahăr 188

Fursecuri cu șofran 189

baba de rom 190

Fursecuri cu bile de burete 192

Biscuiti cu zahar cu ciocolata 193

bulgări de zăpadă de vară 194

Picături de ciuperci 195

Bezea de bază 196

Bezea de migdale 197

Biscuiți spanioli cu bezea și migdale 198

Coșuri cu bezea dulce 199

Chips de migdale 200

Bezele spaniole de migdale și lămâie 201

Bezele acoperite cu ciocolată 202

Bezele de ciocolată și mentă 203

Chips de ciocolată și bezele cu nucă 203

Bezea de alune 204

Tort cu strat de bezea cu nuci 205

Macaroane felii cu alune 207

Strat de bezea și nuci 208

munții de bezea 209

Bezea cu crema de zmeura 210

Fursecuri ratafia 211

Vacherin Caramel 212

Chifle simple 213

Scones bogate cu ouă 214

scones cu mere 215

scones cu mere si nuca de cocos 216

Scones cu mere și curmale 217

Scones de orz 218

Scones de curmale 219

Scones cu ierburi 220

Tort cu piersici

Coaceți o prăjitură de 9"/23 cm

100 g/4 oz/½ cană unt sau margarină, înmuiată

225 g/8 oz/1 cană zahăr pudră (super fin).

3 ouă, separate

450 g/1 lb/4 căni de făină simplă (universal)

Putina sare

5 ml/1 linguriță bicarbonat de sodiu (praf de copt)

120 ml/½ cană lapte

2/3 cană/8 oz/225 g gem de piersici (conservă)

Se amestecă untul sau margarina și zahărul. Adăugați puțin câte puțin gălbenușurile și apoi adăugați făina și sarea. Amestecați bicarbonatul de sodiu cu laptele, apoi amestecați-l în amestecul de tort, urmat de jeleu. Bateți albușurile fierte și apoi amestecați-le în amestec. Se toarnă în două forme unse și tapetate de 9 cm/23 cm și se coace în cuptorul preîncălzit la 180°C/350°F/termostat 4 timp de 25 de minute, până când este bine umflat și elastic la atingere.

Tort marsala cu portocale

Coaceți o prăjitură de 9"/23 cm

175 g/6 oz/1 cană stafide (stafide aurii)

120 ml / 4 fl oz / ½ cană Marsala

6 oz/¾ cană/175 g unt sau margarină, înmuiată

100 g/4 oz/½ cană zahăr brun dulce

225 g/8 oz/1 cană zahăr pudră (super fin).

3 oua, batute usor

coaja rasa fin a 1 portocala

5 ml/1 linguriță apă de floare de portocal

275 g/10 oz/2½ căni de făină simplă (universal)

10 ml/2 lingurițe de bicarbonat de sodiu (praf de copt)

Putina sare

13 fl oz / 1½ cani de lapte de unt

Glazură de lichior de portocale

Înmuiați stafidele în Marsala peste noapte.
Amestecați untul sau margarina și zahărul până devin ușoare și pufoase. Adaugam ouale putin cate putin si apoi adaugam coaja de portocale si sucul de portocale. Amestecați făina, bicarbonatul de sodiu și sarea alternativ cu laptele. Amestecați stafidele umede și Marsala. Se toarnă în două forme de tort de 23 cm/9" unse și tapetate și se coace într-un cuptor preîncălzit la 350°F/180°C/termostat 4 timp de 35 de minute până când devine elastic la atingere și începe să se micșoreze în jurul părților laterale ale formelor. Se lasă la rece. în tigăi timp de 10 minute înainte de a se întoarce pe un grătar pentru a termina răcirea.
Ungeți fursecurile cu jumătate din glazura de lichior de portocale, apoi întindeți glazura rămasă deasupra.

Tort cu piersici si pere

Coaceți o prăjitură de 9"/23 cm

6 oz/¾ cană/175 g unt sau margarină, înmuiată

150 g/5 oz/2/3 cană zahăr tos (super fin).

2 oua, batute usor

75 g/3 oz/¾ cană făină de grâu integral (grâu).

75 g/3 oz/¾ cană făină simplă (universal)

10 ml / 2 linguri de praf de copt

15 ml/1 lingura de lapte

2 piersici, decojite (sâmbure), decojite şi tocate

2 pere, curatate de coaja, fara miez si tocate

2 linguri / 30 ml zahar pudra (cofetarii), cernute

Amestecați untul sau margarina și zahărul până devin ușoare și pufoase. Adaugam ouale putin cate putin, apoi adaugam faina si drojdia, adaugand laptele pentru a da amestecului o consistenta lichida. Întoarceți piersicile și perele. Se toarnă amestecul într-o tavă de 9 cm/23 cm unsă și tapetată cu unt și se coace în cuptorul preîncălzit la 190°C/375°F/termostat 5 timp de 1 oră, până când crește și devine elastic la atingere. Se lasa sa se raceasca in tava timp de 10 minute inainte de a se intoarce pe un gratar pentru a termina racirea. Pudrați cu zahăr pudră înainte de servire.

Tort de ananas

Faceți o prăjitură de 20 cm

100 g/4 oz/½ cană unt sau margarină

350 g/12 oz/2 căni de nuci amestecate (amestec de prăjitură cu fructe)

225 g/8 oz/1 cană zahăr brun dulce

5 ml/1 linguriță condiment măcinat (plăcintă cu mere)

5 ml/1 linguriță bicarbonat de sodiu (praf de copt)

Cutie mare de 15 oz/425 g ananas zdrobit neîndulcit, scurs

225 g/8 oz/2 căni de făină auto-crescătoare (auto-crescătoare)

2 ouă, bătute

Pune toate ingredientele cu excepția făinii și a ouălor într-o cratiță și se încălzește ușor până la fierbere, amestecând bine. Fierbeți constant timp de 3 minute, apoi lăsați amestecul să se răcească complet. Adaugam faina si adaugam treptat ouale. Se toarnă amestecul într-o tavă unsă și tapetată de 20 cm/8 și se coace în cuptorul preîncălzit la 180°C/350°F/termostat 4 timp de 1h30-1h30 până când este bine umflat și ferm la atingere. Se lasa sa se raceasca in tigaie.

Tort cu ananas si cirese

Faceți o prăjitură de 20 cm

100 g/4 oz/½ cană unt sau margarină, înmuiată

100 g/4 oz/1 cană zahăr tos (super fin).

2 ouă, bătute

225 g/8 oz/2 căni de făină auto-crescătoare (auto-crescătoare)

2,5 ml/½ linguriță praf de copt

2,5 ml/½ linguriță de scorțișoară măcinată

175 g/6 oz/1 cană stafide (stafide aurii)

25 g/1 oz/2 linguri cireșe confiate

400 g/14 oz/1 cutie mare de ananas, scurs și tocat

30 ml/2 linguri rachiu sau rom

Zahăr pudră, cernut, pentru stropire

Amestecați untul sau margarina și zahărul până devin ușoare și pufoase. Adaugam ouale putin cate putin si apoi adaugam faina, praful de copt si scortisoara. Amestecați ușor ingredientele rămase. Se toarnă amestecul într-o tavă unsă și tapetată de 20 cm/8 și se coace în cuptorul preîncălzit la 160°C/325°F/termostat 3 timp de 1 oră și jumătate până când o scobitoare introdusă în centru iese curată. Se lasa sa se raceasca si apoi se serveste pudrata cu zahar pudra.

Tort de Crăciun cu ananas

Coaceți o prăjitură de 9"/23 cm

2 oz/¼ cană/50 g unt sau margarină

100 g/4 oz/½ cană zahăr pudră (super fin).

1 ou, batut usor

150g/5oz/1¼ cani de făină auto-crescătoare

Putina sare

120 ml/½ cană lapte

Pentru a ornat:

100 g/4 oz ananas proaspăt sau conservat, ras grosier

1 măr de masă (desert), curățat de coajă, fără miez și ras grosier

120 ml/4 oz/½ cană suc de portocale

15 ml/1 lingură suc de lămâie

100 g/4 oz/½ cană zahăr pudră (super fin).

5 ml/1 lingurita scortisoara macinata

Topiți untul sau margarina, apoi amestecați zahărul și oul până devine pufos. Adăugați făina și sare alternativ cu lapte pentru a obține o pastă. Se toarnă într-o tavă de 9 cm/23 cm unsă și tapetată cu unt și se coace în cuptorul preîncălzit la 180°C/350°F/termostat 4 timp de 25 de minute, până când devine auriu și elastic.

Fierbeți toate ingredientele pentru umplutură și gătiți timp de 10 minute. Se toarnă peste prăjitura fierbinte și se coace până când ananasul începe să se rumenească. Se lasă să se răcească înainte de a servi cald sau rece.

ananas cu capul în jos

Faceți o prăjitură de 20 cm

6 oz/¾ cană/175 g unt sau margarină, înmuiată

175 g/6 oz/¾ cană zahăr brun dulce

400 g/14 oz/1 cutie mare felii de ananas, scurse și sucul rezervat

4 cireșe glazurate (confiate), tăiate în jumătate

2 oua

100 g/4 oz/1 cană făină auto-crescătoare

Crema 3 oz/75 g/1/3 cana unt sau margarina cu 3 oz/75 g/1/3 cana zahar pana devine usoara si pufoasa si intindem pe fundul unei tavi arcuite de 8 cm/20 cm unse. Deasupra se aranjează feliile de ananas și se presară cireșe, rotunjite în jos. Se amestecă restul de unt sau margarina și zahărul, apoi se încorporează treptat ouăle. Se amestecă făina și 2 linguri/30 ml de suc de ananas rezervat. Se toarnă peste ananas și se coace în cuptorul preîncălzit la 180°C/350°F/termostat 4 timp de 45 de minute până când este ferm la atingere. Se lasa la racit in tava timp de 5 minute, apoi se scoate cu grija si se intoarce pe un gratar sa se raceasca.

Tort cu nuci de ananas

Coaceți o prăjitură de 9"/23 cm

8 oz / 1 cană de unt sau margarină, înmuiată

225 g/8 oz/1 cană zahăr pudră (super fin).

5 ouă

350 g/12 oz/3 căni de făină simplă (toate scopuri)

100 g/4 oz/1 cană nuci, tocate grosier

2/3 cană/100 g ananas congelat (confiat), tocat

Puțin lapte

Amestecați untul sau margarina și zahărul până devin ușoare și pufoase. Adăugați treptat ouăle, apoi amestecați făina, nucile și ananasul, adăugând suficient lapte pentru a obține o consistență lichidă. Se toarnă într-o tavă unsă și tapetată de 23 cm/9 și se coace în cuptorul preîncălzit la 150°C/300°F/termostat 2 timp de 1 oră și jumătate până când o scobitoare introdusă în centru iese curată.

Tort cu zmeura

Faceți o prăjitură de 20 cm

100 g/4 oz/½ cană unt sau margarină, înmuiată

200 g/7 oz/lite 1 cană zahăr tos (super fin).

2 oua, batute usor

250 ml/8 fl oz/1 dl smântână (acid lactic)

5 ml/1 lingurita esenta de vanilie (extract)

2¼ căni/9 oz/250 g făină simplă (toate scopuri)

5 ml/1 lingura praf de copt

5 ml/1 linguriță bicarbonat de sodiu (praf de copt)

5 ml/1 lingura pudra de cacao (ciocolata neindulcita).

2,5 ml/½ linguriță sare

100 g de zmeură congelată proaspătă sau decongelata

Pentru a ornat:
30 ml/2 linguri zahăr tos (super fin).

5 ml/1 lingurita scortisoara macinata

Se amestecă untul sau margarina și zahărul. Amesteca treptat ouale, apoi crema de lapte si esenta de vanilie. Se amestecă făina, praful de copt, bicarbonatul de sodiu, cacao și sarea. Întoarceți zmeura. Se toarnă într-o formă unsă de 8/20 cm. Se amestecă zahărul și scorțișoara și se presară peste prăjitură. Coacem in cuptorul preincalzit la 200°C/400°F/termostat 4 timp de 35 de minute, pana devin aurii si un cutit introdus in centru iese curat. Se presară zahăr amestecat cu scorțișoară.

Tort cu rubarbă

Faceți o prăjitură de 20 cm

225 g/8 oz/2 căni de făină de grâu integral (grâu integral).

10 ml / 2 linguri de praf de copt

10 ml/2 lingurițe de scorțișoară măcinată

45 ml/3 linguri miere limpede

175 g/6 oz/1 cană stafide (stafide aurii)

2 oua

150 ml/¼ pt/2/3 cană lapte

8 oz/225 g rubarbă, tocată

30 ml/2 linguri zahăr demerara

Combinați toate ingredientele, cu excepția rubarbei și a zahărului. Adaugam rubarba si turnam intr-o forma (forma) de 20 cm unsa cu unt si infainata. Se presară cu zahăr. Coaceți în cuptorul preîncălzit la 180°C/350°F/termostat 4 timp de 45 de minute până se fixează. Lasam sa se raceasca in tava timp de 10 minute inainte de a se desface.

Tartă cu rubarbă cu miere

Face două prăjituri de 1 lb/450 g

250 g/9 oz/2/3 cană miere limpede

120 ml/4 oz/½ cană ulei

1 ou, batut usor

15 ml/1 lingura bicarbonat de sodiu (praf de copt)

¼ pct/2/3 cană/150 ml iaurt simplu

75 ml/5 linguri apă

350 g/12 oz/3 căni de făină simplă (toate scopuri)

10 ml/2 linguri sare

350 g/12 oz rubarbă, tocată mărunt

5 ml/1 lingurita esenta de vanilie (extract)

50 g/2 oz/½ cană nuci amestecate tocate

Pentru a ornat:

75 g/3 oz/1/3 cană zahăr brun dulce

5 ml/1 lingurita scortisoara macinata

15 ml/1 lingura de unt sau margarina, topit

Se amestecă mierea și uleiul, apoi se amestecă oul. Se amestecă bicarbonatul de sodiu în iaurt și apă până se dizolvă. Se amestecă făina și sarea și se adaugă la amestecul de miere alternativ cu iaurtul. Adaugam rubarba, esenta de vanilie si nucile. Se toarna in doua forme unse si tapetate de 450 g. Combinați ingredientele pentru topping și presărați peste prăjituri. Coaceți în cuptorul preîncălzit la 160°C/325°F/termostat 3 timp de 1 oră până când sunt fermi la atingere și aurii deasupra. Se lasă să se răcească în tigăi timp de 10 minute, apoi se răstoarnă pe un grătar pentru a termina răcirea.

Prajitura cu sfecla rosie

Faceți o prăjitură de 20 cm

250 g/9 oz/1¼ cană făină simplă (toate scopuri)

15 ml/1 lingura de praf de copt

5 ml/1 lingurita scortisoara macinata

Putina sare

150 ml/8 oz/1 cană ulei

300 g/11 oz/11/3 căni de zahăr pudră (super fin).

3 ouă, separate

150 g sfecla rosie cruda, curatata si rasa grosier

150 g/5 oz morcov ras grosier

100 g/4 oz/1 cană nuci amestecate tocate

Se amestecă făina, praful de copt, scorțișoara și sarea. Se amestecă uleiul și zahărul. Bateți gălbenușurile, sfecla roșie, morcovii și nucile. Bateți albușurile spumă până se întăresc, apoi pliați-le în amestec cu o lingură de metal. Se toarnă amestecul într-o tavă unsă și tapetată de 20 cm/8 și se coace în cuptorul preîncălzit la 180°C/350°F/termostat 4 timp de 1 oră până devine primăvară.

Prajitura cu morcovi si banane

Faceți o prăjitură de 20 cm

6 oz/175 g morcov, ras

2 banane, piure

75 g/3 oz/½ cană stafide (stafide aurii)

50 g/2 oz/½ cană nuci amestecate tocate

175 g/6 oz/1½ cani de făină auto-crescătoare

5 ml/1 lingura praf de copt

5 ml/1 linguriță condiment măcinat (plăcintă cu mere)

Sucul și coaja rasă de 1 portocală

2 ouă, bătute

75 g/3 oz/1/2 cană zahăr tos ușor

100 ml/31/2 fl oz/lite 1/2 cană ulei de floarea soarelui

Se amestecă toate ingredientele până se amestecă bine. Se toarnă într-o tavă unsă și tapetată de 8/20 cm și se coace în cuptorul preîncălzit la 180°C/350°F/termostat 4 timp de 1 oră până când o scobitoare introdusă în centru iese curată.

Prajitura cu morcovi si mere

Coaceți o prăjitură de 9"/23 cm

250g/9oz/2¼ cani de făină auto-crescătoare (auto-crescătoare)

5 ml/1 linguriță bicarbonat de sodiu (praf de copt)

5 ml/1 lingurita scortisoara macinata

175 g/6 oz/¾ cană zahăr brun dulce

coaja rasa fin a 1 portocala

3 oua

200 ml/7 fl oz/lite 1 cană ulei

5 oz/150 g mere de masă (desert), curățate, dezlipite și ras

5 oz/150 g morcovi, rasi

2/3 cana/100g caise uscate gata de consumat, tocate

100 g/4 oz/1 cană nuci sau nuci tocate

Se amestecă făina, bicarbonatul de sodiu și scorțișoara, apoi se amestecă zahărul și coaja de portocală. Bateți ouăle în ulei, apoi amestecați mărul, morcovii și două treimi din caise și nuci. Adaugam amestecul de faina si turnam intr-o forma de 23 cm unsa si tapetata. Presaram peste restul de caise si nuca tocate. Coaceți în cuptorul preîncălzit la 180°C/350°F/termostat 4 timp de 30 de minute până când se înmoaie la atingere. Se lasa sa se raceasca putin in tava, apoi se intoarce pe un gratar pentru a termina racirea.

Prajitura cu morcovi si scortisoara

Faceți o prăjitură de 20 cm

100 g/4 oz/1 cană făină integrală (grâu).

100 g/4 oz/1 cană făină simplă (toate scopuri)

15 ml/1 lingura scortisoara macinata

5 ml/1 lingura nucsoara rasa

10 ml / 2 linguri de praf de copt

100 g/4 oz/½ cană unt sau margarină

100 g/4 oz/1/3 cană miere limpede

100 g/4 oz/½ cană zahăr brun dulce

225 g morcov, ras

Combinați făina, scorțișoara, nucșoara și praful de copt într-un castron. Topiți untul sau margarina cu mierea și zahărul și apoi amestecați cu făina. Adăugați morcovii și amestecați bine. Se toarnă într-o tavă unsă și tapetată de 8/20 cm și se coace în cuptorul preîncălzit la 160°C/325°F/termostat 3 timp de 1 oră până când o scobitoare introdusă în centru iese curată. Se lasa sa se raceasca in tava timp de 10 minute, apoi se intoarce pe un gratar pentru a termina de racit.

Tort cu morcovi și dovlecei

Coaceți o prăjitură de 9"/23 cm

2 oua

175 g/6 oz/¾ cană zahăr brun dulce

100g/4oz morcovi, rasi

2 oz/50 g dovlecel ras

75 ml/5 linguri ulei

225 g/8 oz/2 căni de făină auto-crescătoare (auto-crescătoare)

2,5 ml/½ linguriță praf de copt

5 ml/1 linguriță condiment măcinat (plăcintă cu mere)

Glazura cu crema de branza

Se amestecă ouăle, zahărul, morcovii, dovlecelul și uleiul. Adaugati faina, praful de copt si amestecul de condimente si amestecati pana obtineti o pasta omogena. Se toarnă într-o tavă unsă și tapetată de 9 cm/23 cm și se coace în cuptorul preîncălzit la 180°C/350°F/termostat 4 timp de 30 de minute până când o scobitoare introdusă în centru iese curată. Lăsați să se răcească și apoi acoperiți cu glazură cu cremă de brânză.

Tort Morcov Ghimbir

Faceți o prăjitură de 20 cm

2/3 cană/6 oz/175 g unt sau margarină

100 g/4 oz/1/3 cană sirop de aur (porumb ușor)

120 ml/4 oz/½ cană apă

100 g/4 oz/½ cană zahăr brun dulce

150 g/5 oz morcov ras grosier

5 ml/1 linguriță bicarbonat de sodiu (praf de copt)

200 g/7 oz/1¾ cană făină simplă (universal)

100 g/4 oz/1 cană făină auto-crescătoare

5 ml/1 linguriță ghimbir măcinat

Putina sare

Pentru glazura:
175 g/6 oz/1 cană zahăr granulat (de cofetarie), cernut

5 ml/1 lingurita unt sau margarina, moale

30 ml/2 linguri suc de lamaie

Topim untul sau margarina cu siropul, apa si zaharul, apoi lasam sa fiarba. Se ia de pe foc si se amesteca morcovii si bicarbonatul de sodiu. Lasa sa se raceasca. Se amestecă făina, ghimbirul și sarea, se toarnă într-o formă de tort unsă de 20 cm/8 cm (forma) și se coace în cuptorul preîncălzit la 180°C/350°F/termostat 4 timp de 45 de minute până când crește și devine elastic. Joaca. Se desface si se lasa sa se raceasca.

Se amestecă zahărul pudră cu untul sau margarina și suficient suc de lămâie pentru a face o glazură tartinabilă. Tăiați tortul în jumătate pe orizontală, apoi folosiți jumătate din glazură pentru a îndoi tortul și întindeți sau întindeți restul deasupra.

Tort cu morcovi și carne de vită

Coaceți o prăjitură de 7"/18 cm

2 ouă mari, separate

150 g/5 oz/2/3 cană zahăr tos (super fin).

225 g morcov, ras

5 oz/1¼ cani de nuci amestecate tocate

10 ml/2 lingurite coaja de lamaie rasa

50 g/2 oz/½ cană făină simplă (universal)

2,5 ml/½ linguriță praf de copt

Bate galbenusurile si zaharul pana devin groase si cremoase. Se amestecă morcovii, nucile și coaja de lămâie, apoi se amestecă făina și praful de copt. Albusurile se bat spuma pana formeaza varfuri moi, apoi se pliaza in amestec. Se toarnă într-o formă pătrată de 19 cm unsă. Coacem in cuptorul preincalzit la 180°C/350°F/termostat 4 timp de 40-45 minute, pana cand un cutit introdus in centru iese curat.

Tort cu morcovi, portocale si vita

Faceți o prăjitură de 20 cm

100 g/4 oz/½ cană unt sau margarină, înmuiată

100 g/4 oz/½ cană zahăr brun dulce

5 ml/1 lingurita scortisoara macinata

5 ml/1 lingura coaja de portocala rasa

2 oua, batute usor

15 ml/1 lingura suc de portocale

100 g morcovi, rasi fin

50 g/2 oz/½ cană nuci amestecate tocate

225 g/8 oz/2 căni de făină auto-crescătoare (auto-crescătoare)

5 ml/1 lingura praf de copt

Amestecați untul sau margarina, zahărul, scorțișoara și coaja de portocală până devine ușor și pufos. Se amestecă treptat oul și sucul de portocale, apoi se amestecă morcovii, nucile, făina și praful de copt. Se toarnă într-o formă de tort unsă și tapetată cu grăsime de 8/20 cm și se coace în cuptorul preîncălzit la 180°C/350°F/termostat 4 timp de 45 de minute până devine elastic.

Tort cu morcovi, ananas și nucă de cocos

Coaceți o tavă de tort de 10 inchi/25 cm

3 oua

350 g/12 oz/1½ cană de zahăr tos (super fin).

300 ml/½ pt/1¼ cană ulei

5 ml/1 lingurita esenta de vanilie (extract)

225 g/8 oz/2 căni de făină simplă (universal)

5 ml/1 linguriță bicarbonat de sodiu (praf de copt)

10 ml/2 lingurițe de scorțișoară măcinată

5 ml/1 lingura sare

225 g morcov, ras

100g/4oz conserva de ananas, scurs și zdrobit

100 g/4 oz/1 cană nucă de cocos deshidratată (mărunțită)

100 g/4 oz/1 cană nuci amestecate tocate

Zahăr pudră, cernut, pentru stropire

Bateți ouăle, zahărul, uleiul și esența de vanilie. Se amestecă făina, bicarbonatul de sodiu, scorțișoara și sarea și se încorporează treptat în amestec. Se amestecă morcovii, ananasul, nuca de cocos și nucile. Se toarnă într-o tavă de 25 cm/10 unsă cu unt și se coace în cuptorul preîncălzit la 160°C/325°F/termostat 3 timp de 1h15 până când o scobitoare introdusă în centru iese curată. Se lasa sa se raceasca in tava timp de 10 minute inainte de a se intoarce pe un gratar pentru a termina racirea. Pudrați cu zahăr pudră înainte de servire.

Prajitura cu morcovi si fistic

Coaceți o prăjitură de 9"/23 cm

100 g/4 oz/½ cană unt sau margarină, înmuiată

100 g/4 oz/½ cană zahăr pudră (super fin).

2 oua

225 g/8 oz/2 căni de făină simplă (universal)

5 ml/1 linguriță bicarbonat de sodiu (praf de copt)

5 ml/1 lingurita cardamom macinat

225 g morcov, ras

2 oz/½ cană/50 g fistic tocat

50 g/2 oz/½ cană migdale măcinate

100 g/4 oz/2/3 cană stafide (stafide aurii)

Amestecați untul sau margarina și zahărul până devin ușoare și pufoase. Adaugam ouale treptat batand bine dupa fiecare adaugare, apoi adaugam faina, bicarbonatul de sodiu si cardamomul. Se amestecă morcovii, nucile, migdalele măcinate și stafidele. Se toarnă amestecul într-o tavă cu arc de 9 cm/23 cm unsă și tapetată și se coace într-un cuptor preîncălzit la 350°F/180°C/termostat 4 timp de 40 de minute, până când devine maro auriu și moale la atingere.

Prajitura cu morcovi si nuci

Coaceți o prăjitură de 9"/23 cm

200 ml/7 fl oz/lite 1 cană ulei

4 ouă

225 g/8 oz/2/3 cană miere clarificată

225 g/8 oz/2 căni de făină de grâu integral (grâu integral).

10 ml / 2 linguri de praf de copt

2,5 ml/½ linguriță bicarbonat de sodiu (praf de copt)

Putina sare

5 ml/1 lingurita esenta de vanilie (extract)

6 oz/175 g morcovi, rasi grosier

175 g/6 oz/1 cană stafide

100 g/4 oz/1 cană nuci, tocate mărunt

Se amestecă uleiul, oul și mierea. Adăugați treptat toate ingredientele rămase și bateți până se omogenizează bine. Se toarnă într-o tavă de 23 cm unsă și făinată cu unt și se coace în cuptorul preîncălzit la 180°C/350°F/termostat 4 timp de 1 oră până când o scobitoare introdusă în centru iese curată.

Tort picant de morcovi

Coaceți o prăjitură de 7"/18 cm

175 g/6 oz/1 cană curmale

120 ml/4 oz/½ cană apă

6 oz/¾ cană/175 g unt sau margarina, înmuiată

2 oua, batute usor

225 g/8 oz/2 căni de făină auto-crescătoare (auto-crescătoare)

6 oz/175 g morcov, ras fin

25 g/1 oz/¼ cană migdale măcinate

coaja rasa a 1 portocala

2,5 ml/½ linguriță. condimente măcinate (plăcintă cu mere)

2,5 ml/½ linguriță de scorțișoară măcinată

2,5 ml/½ linguriță ghimbir măcinat

Pentru glazura:
350 g/12 oz/1½ cană brânză de vaci

25 g/1 oz/2 linguri unt sau margarină, moale

coaja rasa a 1 portocala

Puneti curmalele si apa intr-o cratita mica, aduceti la fiert si fierbeti timp de 10 minute pana se inmoaie. Scoateți și aruncați sâmburele (sâmburii), apoi tocați mărunt curmalele. Amesteca curmalele si lichidul, untul sau margarina si ouale pana devine cremos. Se amestecă toate ingredientele rămase pentru tort. Se toarnă amestecul într-o tavă unsă și tapetată cu grăsime de 7cm/18cm și se coace în cuptorul preîncălzit la 180°C/350°F/termostat 4 timp de 1 oră până când o scobitoare introdusă în centru iese curată. Se lasa sa se raceasca in tava timp de 10 minute inainte de a se intoarce pe un gratar pentru a termina racirea.

Pentru a face glazura amestecati toate ingredientele pana obtineti o consistenta tartinabila, adaugand putin suc de portocale sau apa daca este necesar. Împărțiți tortul în jumătate pe orizontală, adăugați straturile cu jumătate de înghețată și întindeți restul deasupra.

Tort cu morcovi cu zahăr brun

Coaceți o prăjitură de 7"/18 cm

5 ouă, separate

200 g/7 oz/lite 1 cană zahăr brun dulce

15 ml/1 lingură suc de lămâie

10 oz/300 g morcovi rasi

225g/8oz/2 cesti migdale macinate

25 g/1 oz/¼ cană făină de grâu integral (grâu).

5 ml/1 lingurita scortisoara macinata

25 g/1 oz/2 linguri de unt sau margarină, topit

25 g/1 oz/2 linguri zahăr tos (super fin).

30 ml/2 linguri smântână (ușoară)

75 g/3 oz/¾ cană nuci amestecate tocate

Bateți gălbenușurile până devin spumoase, amestecați zahărul până la omogenizare, apoi amestecați sucul de lămâie. Amestecați o treime din morcovi, apoi o treime din migdale și continuați să faceți acest lucru până când totul este combinat. Se amestecă făina și scorțișoara. Bateți albușurile spumă până se întăresc, apoi pliați-le în amestec cu o lingură de metal. Se toarnă într-o tavă de 18 cm unsă și tapetată cu unt și se coace în cuptorul preîncălzit la 180°C/350°F/termostat 4 timp de 1 oră. Acoperiți tortul cu hârtie de pergament (cerată) și reduceți temperatura cuptorului la 160°C/325°F/termostat 3 pentru încă 15 minute sau până când prăjitura se micșorează ușor de pe părțile laterale ale tăvii, iar centrul este încă umed.

Combinați untul topit sau margarina, zahărul, smântâna și nucile, turnați peste prăjitură și gătiți sub un broiler mediu până se rumenesc.

Prăjitură cu dovlecel și sâmbure

Faceți o prăjitură de 20 cm

225 g/8 oz/1 cană zahăr pudră (super fin).

2 ouă, bătute

120 ml/4 oz/½ cană ulei

100 g/4 oz/1 cană făină simplă (toate scopuri)

5 ml/1 lingura praf de copt

2,5 ml/½ linguriță bicarbonat de sodiu (praf de copt)

2,5 ml/½ linguriță sare

100g/4oz dovlecei, ras

100 g/4 oz ananas zdrobit

50 g/2 oz/½ cană nuci, tocate

5 ml/1 lingurita esenta de vanilie (extract)

Se amestecă zahărul și ouăle până când sunt palide și bine amestecate. Se adauga uleiul si apoi ingredientele uscate. Se adauga dovlecelul, ananasul, nuca si esenta de vanilie. Se toarnă într-o tavă de 20 cm unsă cu unt și făinată și se coace în cuptorul preîncălzit la 180°C/350°F/termostat 4 timp de 1 oră până când o scobitoare introdusă în centru iese curată. Lăsați să se răcească în tavă timp de 30 de minute înainte de a se întoarce pe un grătar pentru a termina de răcit.

Prajitura cu dovlecei si portocale

Coaceți o tavă de tort de 10 inchi/25 cm

8 oz / 1 cană de unt sau margarină, înmuiată

450 g/1 lb/2 căni de zahăr brun dulce

4 oua, putin batute

275 g/10 oz/2½ căni de făină simplă (universal)

15 ml/1 lingura de praf de copt

2,5 ml/½ linguriță sare

5 ml/1 lingurita scortisoara macinata

2,5 ml/½ linguriță nucșoară rasă

Un praf de cuișoare măcinate

Coaja și suc de 1 portocală

225 g/8 oz/2 căni de dovlecel ras

Amestecați untul sau margarina și zahărul până devin ușoare și pufoase. Se adauga ouale putin cate putin si apoi se adauga faina, praful de copt, sarea si condimentele, alternand cu coaja si sucul de portocale. Se amestecă dovlecelul. Se toarnă într-o tavă de 10/25 cm unsă și tapetată cu grăsime și se coace în cuptorul preîncălzit la 180°C/350°F/termostat 4 timp de 1 oră până când devine auriu și elastic la atingere. Dacă blatul începe să se rumenească spre sfârșitul gătitului, acoperiți cu hârtie de pergament (cerată).

Tort cu condimente de dovleac

Coaceți o tavă de tort de 10 inchi/25 cm

350 g/12 oz/3 căni de făină simplă (toate scopuri)

10 ml / 2 linguri de praf de copt

7,5 ml/1½ linguriță scorțișoară măcinată

5 ml/1 linguriță bicarbonat de sodiu (praf de copt)

2,5 ml/½ linguriță sare

8 albusuri

450 g/1 lb/2 căni de zahăr pudră (super fin).

100 g/4 oz/1 cană sos de mere (sos)

120 ml/4 oz/½ cană zară

15 ml/1 lingura esenta de vanilie (extract)

5 ml/1 lingurita coaja de portocala rasa fin

350 g/12 oz/3 căni de dovlecel (dovlecel), ras

75 g/3 oz/¾ cană nuci tocate

                            Pentru a ornat:

100 g/4 oz/½ cană cremă de brânză

25 g/1 oz/2 linguri unt sau margarină, moale

5 ml/1 lingurita coaja de portocala rasa fin

10 ml/2 lingurite suc de portocale

2 cesti/12 oz/350 g zahar pudra (cofetarie), cernut

Se amestecă ingredientele uscate. Bate albusurile spuma pana formeaza varfuri moi. Adaugam incet zaharul, apoi piureul de mere, untul, esenta de vanilie si coaja de portocala. Se amestecă amestecul de făină, apoi dovleceii și nucile. Se toarnă într-o tavă de

10cm/25cm unsă și făinată și se coace în cuptorul preîncălzit la 150°C/300°F/termostat 2 timp de 1 oră până când o scobitoare introdusă în centru iese curată. Se lasa sa se raceasca in tigaie.

Se amestecă toate ingredientele de umplutură până la omogenizare, adăugând suficient zahăr pentru a obține o consistență tartinabilă. Se intinde peste prajitura racita.

Tort cu dovleac

Coaceți o prăjitură de 9 x 13 inchi/23 x 33 cm

450 g/1 lb/2 căni de zahăr pudră (super fin).

4 oua, batute

375 ml/13 oz/1½ cană ulei

350 g/12 oz/3 căni de făină simplă (toate scopuri)

15 ml/1 lingura de praf de copt

10 ml/2 lingurițe de bicarbonat de sodiu (praf de copt)

10 ml/2 lingurițe de scorțișoară măcinată

2,5 ml/½ linguriță ghimbir măcinat

Putina sare

225 g/8 oz cubulețe de dovleac fiert

100 g/4 oz/1 cană nuci tocate

Se amestecă zahărul și ouăle până se omogenizează bine, apoi se amestecă uleiul. Se amestecă ingredientele rămase. Se toarnă într-o tavă de copt de 23 x 33 cm unsă și făinată și se coace în cuptorul preîncălzit la 180°C/termostat 4 timp de 1 oră până când o scobitoare introdusă în centru iese curată.

Temut plăcintă cu dovleac

Faceți o prăjitură de 20 cm

100 g/4 oz/½ cană unt sau margarină, înmuiată

150 g/5 oz/2/3 cană zahăr brun dulce

2 oua, batute usor

8 oz/225 g dovleac fiert la rece

30 ml/2 linguri sirop auriu (porumb usor)

8 oz/225 g 1/1/3 cană nuci amestecate (amestec de prăjitură cu fructe)

225 g/8 oz/2 căni de făină auto-crescătoare (auto-crescătoare)

50 g/2 oz/½ cană tărâțe

Amestecați untul sau margarina și zahărul până devin ușoare și pufoase. Adaugam ouale putin cate putin si apoi adaugam restul ingredientelor. Se toarnă într-o tavă unsă și tapetată de 8/20 cm și se coace în cuptorul preîncălzit la 160°C/325°F/termostat 3 timp de 1 oră și 15 minute până când o scobitoare introdusă în centru iese curată.

Rulada de dovleac picant

Faceți o rolă de 30 cm/12 inchi

75 g/3 oz/¾ cană făină simplă (universal)

5 ml/1 linguriță bicarbonat de sodiu (praf de copt)

5 ml/1 linguriță ghimbir măcinat

2,5 ml/½ linguriță nucșoară rasă

10 ml/2 lingurițe de scorțișoară măcinată

Putina sare

1 ou

225 g/8 oz/1 cană zahăr pudră (super fin).

100g/4oz dovleac fiert, tăiat cubulețe

5 ml/1 lingurita suc de lamaie

4 albusuri

50 g/2 oz/½ cană nuci, tocate

1/3 cană/2 oz/50 g zahăr glazurat (cofetarie), cernut

Pentru umplutura:
175 g/6 oz/1 cană zahăr granulat (de cofetarie), cernut

100 g/4 oz/½ cană cremă de brânză

2,5 ml/½ linguriță esență de vanilie (extract)

Se amestecă făina, bicarbonatul de sodiu, condimentele și sarea. Bateți oul până când este gros și palid, apoi amestecați zahărul până când amestecul devine palid și cremos. Se amestecă dovleacul și sucul de lămâie. Se amestecă amestecul de făină. Într-un castron curat, bate spumă albușurile până se întărește. Îndoiți amestecul de prăjitură într-o tavă elvețiană de 30x12cm/12x8 unsă și tapetată și presărați nucile deasupra. Coaceți în cuptorul preîncălzit la 190°C/375°F/termostat 5 timp de 10 minute până când se înmoaie la atingere. Cerne zahărul pudră pe un prosop curat și răsturnează tortul pe prosop. Scoateți hârtia de copt și înfășurați tortul în prosopul, apoi lăsați să se răcească.

Pentru a face umplutura, bateti treptat zaharul in crema de branza si esenta de vanilie pana obtineti un amestec tartinabil. Întindeți tortul și întindeți deasupra umplutura. Rulați tortul înapoi și lăsați să se răcească înainte de servire, pudrat cu puțin zahăr pudră.

Prajitura cu rubarba si miere

Face două prăjituri de 1 lb/450 g

250 g/9 oz/¾ cană miere limpede

100 ml/4 oz/½ cană ulei

1 ou

5 ml/1 linguriță bicarbonat de sodiu (praf de copt)

60 ml/4 linguri apă

350 g/12 oz/3 căni de făină integrală (grâu).

10 ml/2 linguri sare

350 g/12 oz rubarbă, tocată mărunt

5 ml/1 lingurita esenta de vanilie (extract)

2 oz/½ cană/50 g nuci amestecate tocate (opțional)

                      Pentru a ornat:

75 g/3 oz/1/3 cană zahăr tos

5 ml/1 lingurita scortisoara macinata

15 g/½ oz/1 lingură unt sau margarină, înmuiată

Se amestecă mierea și uleiul. Se adauga oul si se bate bine. Adăugați bicarbonatul de sodiu în apă și lăsați-l să se dizolve. Se amestecă făina și sarea. Adăugați la amestecul de miere alternativ cu bicarbonat de sodiu sau amestec de bicarbonat de sodiu. Se adaugă rubarba, esența de vanilie și nucile, dacă se dorește. Se toarnă în două forme unse de 450 g/1 lb. Se amestecă ingredientele pentru topping și se întinde peste amestecul de tort. Coaceți într-un cuptor preîncălzit la 180°C/350°F/termostat 4 timp de 1 oră până când se înmoaie la atingere.

Tort cu cartofi dulci

Coaceți o prăjitură de 9"/23 cm

300 g/11 oz/2¾ cani de făină simplă (toate scopuri)

15 ml/1 lingura de praf de copt

5 ml/1 lingurita scortisoara macinata

5 ml/1 lingura nucsoara rasa

Putina sare

350 g/12 oz/1¾ cani de zahăr pudră (super fin).

375 ml/13 oz/1½ cană ulei

60 ml/4 linguri apă fiartă

4 ouă, separate

225g/8oz cartofi dulci, decojiti si rasi grosier

100 g/4 oz/1 cană nuci amestecate tocate

5 ml/1 lingurita esenta de vanilie (extract)

Pentru glazura:
8 oz/11/3 căni de zahăr glazurat (cofetarie), cernut

2 oz/¼ cană/50 g unt sau margarină, înmuiată

250 g/9 oz/1 tub mediu cremă de brânză

50 g/2 oz/½ cană nuci amestecate tocate

Un praf de scortisoara macinata pentru stropire

Se amestecă făina, praful de copt, scorțișoara, nucșoara și sarea. Se amestecă zahărul și uleiul, apoi se adaugă apa clocotită și se bate până se amestecă bine. Adăugați amestecul de gălbenuș de ou și făină și amestecați până se omogenizează bine. Amestecați cartofii dulci, nucile și esența de vanilie. Bateți albușurile fierte și apoi amestecați-le în amestec. Se toarnă în două forme unse și tape cu făină de 9cm/23cm și se coace în cuptorul preîncălzit la 180°C/350°F/termostat 4 timp de 40 de minute până când devine elastic la atingere. Se lasă să se răcească în tigăi timp de 5 minute, apoi se răstoarnă pe un grătar pentru a termina de răcit.

Se amestecă zahărul pudră, untul sau margarina și jumătate din crema de brânză. Întindeți jumătate din crema de brânză rămasă pe o prăjitură, apoi întindeți glazura peste brânză. Sandvișează prăjiturile împreună. Deasupra se intinde crema ramasa de branza si se presara cu nuca si scortisoara inainte de servire.

Tort italian de migdale

Faceți o prăjitură de 20 cm

1 ou

150 ml/¼ pt/2/3 cană lapte

2,5 ml/½ linguriță esență de migdale (extract)

45 ml/3 linguri de unt topit

350 g/12 oz/3 căni de făină simplă (toate scopuri)

100 g/4 oz/½ cană zahăr pudră (super fin).

10 ml / 2 linguri de praf de copt

2,5 ml/½ linguriță sare

1 albus de ou

100 g/4 oz/1 cană migdale mărunțite

Bateți oul într-un castron, apoi adăugați treptat laptele, esența de migdale și untul topit, bătând constant. Adăugați făina, zahărul, praful de copt și sarea și continuați să amestecați până la omogenizare. Se toarnă într-o matriță de 20 cm unsă cu unt și tapetată. Albusul se bat spuma, apoi se unge cu generozitate prajitura si se presara migdale. Coaceți într-un cuptor preîncălzit la 220°C/425°F/termostat 7 timp de 25 de minute până când devine maro auriu și elastic la atingere.

Prajitura cu migdale si cafea

Coaceți o prăjitură de 9"/23 cm

8 oua, separate

175 g/6 oz/¾ cană zahăr pudră (super fin).

60 ml/4 linguri cafea neagră tare

175 g migdale măcinate

45 ml/3 linguri gris (cremă de grâu)

100 g/4 oz/1 cană făină simplă (toate scopuri)

Bate galbenusurile si zaharul foarte gros si cremos. Se adauga cafeaua, migdalele macinate si grisul si se bate bine. Se amestecă făina. Bateți albușurile fierte și apoi amestecați-le în amestec. Se toarnă într-o tavă unsă de 9 cm/23 cm și se coace în cuptorul preîncălzit la 180°C/350°F/termostat 4 timp de 45 de minute până când devine elastic la atingere.

Prajitura cu migdale si miere

Faceți o prăjitură de 20 cm

225 g morcov, ras

75 g/3 oz/¾ cană migdale, tocate

2 ouă, bătute

100 ml/4 fl oz/½ cană miere clarificată

60 ml/4 linguri ulei

150 ml/¼ pt/2/3 cană lapte

150 g/5 oz/1¼ cani făină de grâu integral (grâu integral)

10 ml/2 linguri sare

10 ml/2 lingurițe de bicarbonat de sodiu (praf de copt)

15 ml/1 lingura scortisoara macinata

Se amestecă morcovii și nucile. Bateți ouăle cu mierea, uleiul și laptele, apoi adăugați-le în amestecul de morcovi. Se amestecă făina, sarea, bicarbonatul de sodiu și scorțișoara și se amestecă amestecul de morcovi. Se toarnă amestecul într-o tavă pătrată de 20 cm unsă și tapetată și se coace în cuptorul preîncălzit la 150°C/300°F/termostat 2 timp de 1 3/4 ore până când o scobitoare introdusă în centru iese curată. Lasam sa se raceasca in tava timp de 10 minute inainte de a se desface.

Prajitura cu migdale si lamaie

Coaceți o prăjitură de 9"/23 cm

25 g/1 oz/¼ cană fulgi de migdale

100 g/4 oz/½ cană unt sau margarină, înmuiată

100 g/4 oz/½ cană zahăr brun dulce

2 ouă, bătute

100 g/4 oz/1 cană făină auto-crescătoare

coaja de la 1 lamaie

                       Pentru sirop:

75 g/3 oz/1/3 cană zahăr pudră (super fin).

45-60 ml/3-4 linguri suc de lamaie

Ungeți și tapetați o tavă arcuită de 9 inchi/23 cm și presărați migdalele pe fund. Se amestecă untul și zahărul brun. Bateți ouăle unul câte unul și adăugați făina și coaja de lămâie. Se toarnă în forma pregătită și se netezește suprafața. Coaceți într-un cuptor preîncălzit la 180°C/350°F/termostat 4 timp de 20-25 de minute până când este bine umflat și elastic la atingere.

Între timp, încălziți zahărul pudră și sucul de lămâie într-o cratiță, amestecând din când în când, până când zahărul se dizolvă. Scoateți tortul din cuptor și lăsați-l să se răcească timp de 2 minute, apoi întoarceți-l pe un grătar, cu partea de jos în sus. Se toarnă siropul și se lasă să se răcească complet.

Tort cu migdale cu portocale

Faceți o prăjitură de 20 cm

8 oz / 1 cană de unt sau margarină, înmuiată

225 g/8 oz/1 cană zahăr pudră (super fin).

4 ouă, separate

225 g/8 oz/2 căni de făină simplă (universal)

10 ml / 2 linguri de praf de copt

50 g/2 oz/½ cană migdale măcinate

5 ml/1 lingura coaja de portocala rasa

Amestecați untul sau margarina și zahărul până devin ușoare și pufoase. Bate galbenusurile apoi adauga faina, praful de copt, migdalele macinate si coaja de portocala. Bateți albușurile spumă până se întăresc, apoi pliați-le în amestec cu o lingură de metal. Se toarnă într-o tavă unsă și tapetată de 8/20 cm și se coace în cuptorul preîncălzit la 180°C/350°F/termostat 4 timp de 1 oră până când o scobitoare introdusă în centru iese curată.

Tort bogat de migdale

Coaceți o prăjitură de 7"/18 cm

100 g/4 oz/½ cană unt sau margarină, înmuiată

150 g/5 oz/2/3 cană zahăr tos (super fin).

3 oua, batute usor

75 g/3 oz/¾ cană migdale măcinate

50 g/2 oz/½ cană făină simplă (universal)

Câteva picături de esență de migdale (extract)

Amestecați untul sau margarina și zahărul până devin ușoare și pufoase. Adaugam ouale putin cate putin, apoi adaugam migdalele macinate, faina si esenta migdalelor. Se toarnă într-o tavă unsă și tapetată de 7 cm/18 cm și se coace în cuptorul preîncălzit la 180°C/350°F/termostat 4 timp de 45 de minute până devine elastic.

Tort suedez cu macaron

Coaceți o prăjitură de 9"/23 cm

100 g/4 oz/1 cană migdale măcinate

75 g/3 oz/1/3 cană zahăr granulat

5 ml/1 lingura praf de copt

2 albusuri mari, batute

Se amestecă migdalele, zahărul și praful de copt. Bateți albușurile până când amestecul este gros și neted. Se toarnă într-o tavă de sandvici unsă și tapetată cu grăsime de 9cm/23cm și se coace în cuptorul preîncălzit la 160°C/termostat 3 timp de 20-25 minute, până când este fiert și devine auriu. Se desface foarte usor pentru ca prajitura este fragila.

pâine cu nucă de cocos

Face o pâine de 450 g/1 lb

100 g/4 oz/1 cană făină auto-crescătoare

225 g/8 oz/1 cană zahăr pudră (super fin).

100 g/4 oz/1 cană nucă de cocos deshidratată (măruntită)

1 ou

120 ml/½ cană lapte

Putina sare

Se amestecă bine toate ingredientele și se toarnă într-o tavă unsă și tapetată cu unt de 450 g/1 lb. Coaceți într-un cuptor preîncălzit la 180°C/350°F/termostat 4 timp de aproximativ 1 oră până când devine maro auriu și elastic la atingere.

O prăjitură cu nucă de cocos

Coaceți o prăjitură de 9"/23 cm

75 g/3 oz/1/3 cană unt sau margarină

150 ml/¼ pt/2/3 cană lapte

2 oua, batute usor

225 g/8 oz/1 cană zahăr pudră (super fin).

150g/5oz/1¼ cani de făină auto-crescătoare

Putina sare

                        Pentru a ornat:
100 g/4 oz/½ cană unt sau margarină

75 g/3 oz/¾ cană nucă de cocos deshidratată (mărunțită)

60 ml/4 linguri miere limpede

45 ml/3 linguri lapte

50 g/2 oz/¼ cană zahăr brun dulce

Topiți untul sau margarina în lapte și lăsați să se răcească puțin. Se amestecă ouăle și zahărul pudră până devin ușor și pufos, apoi se amestecă amestecul de unt și lapte. Adăugați făina și sarea într-un amestec destul de fin. Se toarnă într-o tavă unsă și tapetată de 9 cm/23 cm și se coace în cuptorul preîncălzit la 180°C/350°F/termostat 4 timp de 40 de minute, până când devine auriu și elastic la atingere.

Între timp, fierbeți ingredientele de umplutură într-o cratiță. Întoarceți tortul cald și acoperiți cu amestecul de topping. Puneți sub un broiler fierbinte pentru câteva minute până când umplutura începe să se coloreze.

Tort auriu cu nuca de cocos

Faceți o prăjitură de 20 cm

100 g/4 oz/½ cană unt sau margarină, înmuiată

200 g/7 oz/lite 1 cană zahăr tos (super fin).

200 g/7 oz/1¾ cană făină simplă (universal)

10 ml / 2 linguri de praf de copt

Putina sare

175 ml/6 fl oz/¾ cană lapte

3 albusuri

Pentru umplutură și umplutură:

150 g/5 oz/1¼ cană nucă de cocos deshidratată (mărunțită)

200 g/7 oz/lite 1 cană zahăr tos (super fin).

120 ml/½ cană lapte

120 ml/4 oz/½ cană apă

3 galbenusuri de ou

Amestecați untul sau margarina și zahărul până devin ușoare și pufoase. Se adauga faina, praful de copt si sarea in amestec alternativ cu laptele si apa pana se formeaza o masa omogena. Bateți albușurile fierte spumă și apoi pliați-le în aluat. Se toarnă amestecul în două forme unse de 8/20 cm și se coace în cuptorul preîncălzit la 180°C/350°F/termostat 4 timp de 25 de minute până devine elastic. Lasa sa se raceasca.

Combinați nuca de cocos, zahărul, laptele și gălbenușurile de ou într-o cratiță mică. Se fierbe câteva minute până când ouăle sunt fierte, amestecând continuu. Lasa sa se raceasca. Ungeți fursecurile cu jumătate din amestecul de nucă de cocos, apoi puneți restul deasupra.

Tort cu strat de nucă de cocos

Coaceți o prăjitură de 3½ x 7"/9 x 18 cm

100 g/4 oz/½ cană unt sau margarină, înmuiată

175 g/6 oz/¾ cană zahăr pudră (super fin).

3 oua

175 g/6 oz/1½ cană făină simplă (universal)

5 ml/1 lingura praf de copt

175 g/6 oz/1 cană stafide (stafide aurii)

120 ml/½ cană lapte

6 fursecuri obișnuite (biscuiți), zdrobite

100 g/4 oz/½ cană zahăr brun dulce

100 g/4 oz/1 cană nucă de cocos deshidratată (mărunțită)

Se amestecă untul sau margarina și zahărul pudră până devine ușor și pufos. Adăugați puțin câte puțin două ouă, apoi amestecați făina, praful de copt și stafidele alternând cu laptele. Turnați jumătate din amestec într-o tavă unsă și tapetată cu unt de 450 g/1 lb. Se amestecă ouăle rămase cu firimiturile de biscuiți, zahărul brun și nuca de cocos și se presară peste tigaie. Turnați restul amestecului și coaceți în cuptorul preîncălzit la 180°C/350°F/termostat 4 timp de 1 oră. Se lasa sa se raceasca in tava timp de 30 de minute, apoi se intoarce pe un gratar pentru a termina racirea.

Tort cu nucă de cocos și lămâie

Faceți o prăjitură de 20 cm

100 g/4 oz/½ cană unt sau margarină, înmuiată

75 g/3 oz/1/3 cană zahăr brun dulce

coaja de la 1 lamaie

1 ou, batut

Câteva picături de esență de migdale (extract)

350 g/12 oz/3 căni de făină auto-crescătoare

60 ml/4 linguri gem de zmeura (la conserva)

                    Pentru a ornat:

1 ou, batut

75 g/3 oz/1/3 cană zahăr brun dulce

225 g/8 oz/2 căni nucă de cocos deshidratată (mărunțită)

Amestecați untul sau margarina, zahărul și coaja de lămâie până devine ușor și pufos. Adaugam putin cate putin oul si esenta de migdale, apoi adaugam faina. Se toarnă amestecul într-o formă de 20 cm unsă și tapetată. Se toarnă gemul peste amestec. Se amestecă ingredientele de umplutură și se întinde peste amestec. Coaceți în cuptorul preîncălzit la 180°C/350°F/termostat 4 timp de 30 de minute până când se înmoaie la atingere. Se lasa sa se raceasca in tigaie.

Tort de Cocos de Anul Nou

Coaceți o prăjitură de 7"/18 cm

100 g/4 oz/½ cană unt sau margarină, înmuiată

100 g/4 oz/½ cană zahăr pudră (super fin).

2 oua, batute usor

75 g/3 oz/¾ cană făină simplă (universal)

45 ml/3 linguri nucă de cocos deshidratată (răzuită)

30 ml/2 linguri rom

Câteva picături de esență de migdale (extract)

Câteva picături de esență de lămâie (extract)

Amestecați untul și zahărul până devin ușoare și pufoase. Adaugam ouale putin cate putin, apoi adaugam faina si nuca de cocos. Adauga romul si esentele. Se toarnă într-o tavă unsă și tapetată cu 18 cm/7 cm și se netezește suprafața. Coaceți în cuptorul preîncălzit la 190°C/375°F/termostat 5 timp de 45 de minute, până când o scobitoare introdusă în centru iese curată. Se lasa sa se raceasca in tigaie.

Tort sultană cu nucă de cocos

Coaceți o prăjitură de 9"/23 cm

100 g/4 oz/½ cană unt sau margarină, înmuiată

175 g/6 oz/¾ cană zahăr pudră (super fin).

2 oua, batute usor

175 g/6 oz/1½ cană făină simplă (universal)

5 ml/1 lingura praf de copt

Putina sare

175 g/6 oz/1 cană stafide (stafide aurii)

120 ml/½ cană lapte

Pentru umplutura:

1 ou, batut usor

50 g/2 oz/½ cană firimituri simple de prăjituri (tort).

100 g/4 oz/½ cană zahăr brun dulce

100 g/4 oz/1 cană nucă de cocos deshidratată (mărunțită)

Se amestecă untul sau margarina și zahărul pudră până devine ușor și pufos. Adăugați treptat ouăle. Se amestecă făina, praful de copt, sarea și stafidele cu suficient lapte pentru a obține o consistență netedă. Se toarnă jumătate din amestec într-o tavă de 23 cm/9 cu unt. Amestecați ingredientele pentru topping și turnați peste amestec, apoi acoperiți cu amestecul de prăjitură rămas. Coaceți într-un cuptor preîncălzit la 180°C/350°F/termostat 4 timp de 1 oră până când devine elastic la atingere și începe să se desprindă de părțile laterale ale tăvii. Se lasa la racit in tava inainte de a se desface.

Tort crocant de vita

Coaceți o prăjitură de 9"/23 cm

8 oz / 1 cană de unt sau margarină, înmuiată

225 g/8 oz/1 cană zahăr pudră (super fin).

2 oua, batute usor

225 g/8 oz/2 căni de făină simplă (universal)

2,5 ml/½ linguriță bicarbonat de sodiu (praf de copt)

2,5 ml/½ linguriță smântână de tartru

7 fl oz/lite 200 ml 1 cană lapte

Pentru a ornat:
100 g/4 oz/1 cană nuci amestecate tocate

100 g/4 oz/½ cană zahăr brun dulce

5 ml/1 lingurita scortisoara macinata

Se amestecă untul sau margarina și zahărul pudră până devine ușor și pufos. Adaugam ouale putin cate putin, apoi adaugam faina, bicarbonatul de sodiu si crema de tartru, alternand cu laptele. Se toarnă într-o formă (multiță) de 23 cm unsă și tapetată. Combinați nucile, zahărul brun și scorțișoara și presărați peste prăjitură. Coaceți într-un cuptor preîncălzit la 180°C/350°F/termostat 4 timp de 40 de minute, până când se rumenesc și se smulg de marginile tăvii. Se lasa sa se raceasca in tava timp de 10 minute, apoi se intoarce pe un gratar pentru a termina de racit.

Prajitura cu carne mixta

Coaceți o prăjitură de 9"/23 cm

100 g/4 oz/½ cană unt sau margarină, înmuiată

225 g/8 oz/1 cană zahăr pudră (super fin).

1 ou, batut

225 g/8 oz/2 căni de făină auto-crescătoare (auto-crescătoare)

10 ml / 2 linguri de praf de copt

Putina sare

250 ml/8 oz/1 cană lapte

5 ml/1 lingurita esenta de vanilie (extract)

2,5 ml/½ linguriță esență de lămâie (extract)

100 g/4 oz/1 cană nuci amestecate tocate

Amestecați untul sau margarina și zahărul până devin ușoare și pufoase. Adăugați puțin câte puțin oul. Se amestecă făina, drojdia și sarea și se adaugă la amestec alternativ cu laptele și esențele. Întoarceți piulițele. Se toarnă în două forme de tort de 23 cm unse și tapetate și se coace în cuptorul preîncălzit la 180°F/350°F/termostat 4 timp de 40 de minute până când o scobitoare introdusă în centru iese curată.

Prajitura greceasca de vita

Coaceți o tavă de tort de 10 inchi/25 cm

100 g/4 oz/½ cană unt sau margarină, înmuiată

225 g/8 oz/1 cană zahăr pudră (super fin).

3 oua, batute usor

2¼ căni/9 oz/250 g făină simplă (toate scopuri)

225 g/8 oz/2 cesti nuci macinate

10 ml / 2 linguri de praf de copt

5 ml/1 lingurita scortisoara macinata

1,5 ml/¼ linguriță cuişoare măcinate

Putina sare

75 ml/5 linguri lapte

     Pentru siropul de miere:
175 g/6 oz/¾ cană zahăr pudră (super fin).

75 g/3 oz/¼ cană miere limpede

15 ml/1 lingură suc de lămâie

250 ml/8 fl oz/1 cană apă clocotită

Amestecați untul sau margarina şi zahărul până devin uşoare şi pufoase. Se adauga ouale putin cate putin si apoi se adauga faina, nucile, praful de copt, condimentele si sarea. Se adauga laptele si se amesteca pana se omogenizeaza. Se toarnă într-o tavă de 10 cm/25 cm unsă cu făină şi se coace în cuptorul preîncălzit la 180°C/350°F/termostat 4 timp de 40 de minute până când devine elastic la atingere. Se lasa sa se raceasca in tava timp de 10 minute, apoi se transfera pe un gratar.

Pentru a face siropul, amestecați zahărul, mierea, sucul de lămâie și apa și încălziți până se dizolvă. Înțepăți tortul cald cu o furculiță, apoi stropiți cu sirop de miere.

Tort cu inghetata cu nuca

Coaceți o prăjitură de 7"/18 cm

100 g/4 oz/½ cană unt sau margarină, înmuiată

100 g/4 oz/½ cană zahăr pudră (super fin).

2 oua, batute usor

100 g/4 oz/1 cană făină auto-crescătoare

100 g/4 oz/1 cană nuci tocate

Putina sare

Pentru glazura:

450 g/1 lb/2 căni de zahăr granulat

150 ml/¼ pt/2/3 cană apă

2 albusuri

Câteva jumătăți de nucă de decorat

Se amestecă untul sau margarina și zahărul pudră până devine ușor și pufos. Adaugam ouale putin cate putin si apoi adaugam faina, nucile si sarea. Se toarnă amestecul în două forme de tort de 18 cm/7" unse și tapetate și se coace în cuptorul preîncălzit la 180°C/termostat 4 timp de 25 de minute până când s-a ridicat bine și este elastic la atingere. Lasa sa se raceasca.

Se dizolvă zahărul pudră în apă la foc mic, amestecând continuu, apoi se aduce la fierbere și se continuă să fiarbă, fără a amesteca, până când o picătură din amestec formează o minge moale când este turnată în apa rece. Între timp, albușurile se bat spumă într-un castron curat până se întăresc. Se toarnă siropul peste albușuri și se bate până când amestecul este suficient de gros pentru a acoperi spatele unei linguri. Întindeți un strat de glazură peste prăjituri, apoi întindeți restul peste deasupra și părțile laterale ale prăjiturii și decorați cu jumătățile de nucă.

Tort cu nuca cu crema de ciocolata

Coaceți o prăjitură de 7"/18 cm

3 oua

75 g/3 oz/1/3 cană zahăr brun dulce

50 g/2 oz/½ cană făină de grâu integral (grâu integral).

25 g/1 oz/¼ cană pudră de cacao (ciocolată neîndulcită)

Pentru glazura:
150 g/5 oz/1¼ cani ciocolata simpla (semidulce)

225 g/8 oz/1 cană cremă de brânză cu conținut scăzut de grăsimi

45 ml/3 linguri de zahar pudra (cofetarii), cernut

75 g/3 oz/¾ cană nuci tocate

15 ml/1 lingură coniac (opțional)

Ciocolata rasa pentru a decora

Se amestecă ouăle și zahărul brun până devin palide și groase. Se amestecă făina și cacao. Se toarnă amestecul în două forme de sandvici unse și tapetate de 7 cm/18 cm și se coace în cuptorul preîncălzit la 190°C/375°F/termostat 5 timp de 15-20 de minute, până când este bine umflat și elastic la atingere. Scoatem din forme si lasam sa se raceasca.

Topiți ciocolata într-un castron rezistent la căldură peste o cratiță cu apă fierbinte ușor. Luați de pe foc și adăugați crema de brânză și zahărul pudră, apoi adăugați nucile și coniacul, dacă folosiți. Întindeți cea mai mare parte din umplutură pe fursecuri și întindeți restul deasupra. Se decorează cu ciocolată rasă.

Tort cu miere si scortisoara

Coaceți o prăjitură de 9"/23 cm

225 g/8 oz/2 căni de făină simplă (universal)

10 ml / 2 linguri de praf de copt

5 ml/1 linguriță bicarbonat de sodiu (praf de copt)

5 ml/1 lingurita scortisoara macinata

Putina sare

100 g/4 oz/1 cană iaurt simplu

75 ml/5 linguri ulei

100 g/4 oz/1/3 cană miere limpede

1 ou, batut usor

5 ml/1 lingurita esenta de vanilie (extract)

Pentru umplutura:

2 oz/½ ceasca/50 g nuci tocate

225 g/8 oz/1 cană zahăr brun dulce

10 ml/2 lingurițe de scorțișoară măcinată

30 ml/2 linguri ulei

Se amestecă ingredientele uscate pentru tort și se face un godeu în mijloc. Se amestecă restul ingredientelor de prăjitură și se amestecă cu ingredientele uscate. Se amestecă ingredientele pentru umplutură. Turnați jumătate din aluatul de prăjitură într-o tavă unsă și făinată de 9 cm/23 cm și presărați jumătate din umplutură. Adăugați restul amestecului de prăjitură, apoi restul umpluturii. Coaceți în cuptorul preîncălzit la 180°C/350°F/termostat 4 timp de 30 de minute până când se umflă bine și devine auriu și începe să se desprindă de pe părțile laterale ale tăvii.

Batoane de migdale și miere

face 10

15 g/½ oz drojdie proaspătă sau 20 ml/4 linguri drojdie uscată

45 ml/3 linguri zahăr tos (super fin).

120 ml/4 fl oz/½ cană lapte cald

300 g/11 oz/2¾ cani de făină simplă (toate scopuri)

Putina sare

1 ou, batut usor

2 oz/¼ cană/50 g unt sau margarină, înmuiată

½ pct/1¼ cană/300 ml smântână dublă (groasă)

2 linguri / 30 ml zahar pudra (cofetarii), cernute

45 ml/3 linguri miere limpede

300 g/11 oz/2¾ cani fulgi de migdale (taiate felii)

Se amestecă drojdia, 5 ml / 1 linguriță zahăr tos și puțin lapte și se lasă 20 de minute la loc cald până când amestecul devine spumos. Se amestecă restul de zahăr cu făina și sarea și se face un godeu în mijloc. Amestecați treptat ouăle, untul sau margarina, amestecul de drojdie și laptele cald rămas și amestecați până se formează un aluat omogen. Se framanta pe o suprafata usor infainata pana se omogenizeaza si elastic. Se pune intr-un bol uns cu unt, se acopera cu folie de plastic (folie de plastic) si se lasa la loc caldut 45 de minute pana isi dubleaza volumul.

Se framanta din nou aluatul, apoi se intinde si se aseaza intr-o forma unsa de 30 x 20 cm, se intepa cu o furculita, se acopera si se lasa la odihnit 10 minute la loc caldut.

Într-o cratiță mică, puneți 120 ml/½ cană de smântână, zahărul pudră și mierea și aduceți la fiert. Luați de pe foc și amestecați migdalele. Se intinde peste aluat si se coace in cuptorul preincalzit la 200°C/400°F/termostat 6 timp de 20 de minute pana devine maro auriu si elastic la atingere, se acopera cu hartie de pergament (cerata) daca blatul incepe sa se rumeneasca prea mult inainte de a termina. gătitul Se desface si se lasa sa se raceasca.

Tăiați tortul în jumătate pe orizontală. Bateți restul de smântână până se întărește și întindeți-o pe jumătatea de jos a prăjiturii. Se acopera cu jumatate din prajitura acoperita cu migdale si se taie batoane.

Crumble de mere și coacăze negre

face 12

175 g/6 oz/1½ cană făină simplă (universal)

5 ml/1 lingura praf de copt

Putina sare

175 g/6 oz/¾ cană unt sau margarină

225 g/8 oz/1 cană zahăr brun dulce

100 g/4 oz/1 cană de ovăz rulat

450 g / 1 lb mere fierte (plăcintă), curățate, dezlipite și tăiate felii

30 ml/2 linguri faina de porumb (amidon de porumb)

10 ml/2 lingurițe de scorțișoară măcinată

2,5 ml/½ linguriță nucșoară rasă

2,5 ml/½ linguriță piper măcinat

225 g/8 oz coacăze negre

Se amestecă făina, praful de copt și sarea, apoi se amestecă untul sau margarina. Se amestecă zahărul și ovăzul. Se toarnă jumătate în fundul unei forme pătrate de 9 cm/25 cm unsă și tapetată. Se amestecă merele, mălaiul și condimentele și se întinde deasupra. Decorați cu coacăze negre. Se toarnă restul de amestec și se netezește blatul. Coaceți în cuptorul preîncălzit la 180°C/350°F/termostat 4 timp de 30 de minute până când devine primăvară. Se lasa la racit si apoi se taie felii.

Batoane de caise și ovăz

face 24

75 g/3 oz/½ cană caise uscate

25 g / 1 oz / 3 linguri stafide (stafide aurii)

250 ml/8 oz/1 cană apă

5 ml/1 lingurita suc de lamaie

150 g/5 oz/2/3 cană zahăr brun dulce

50 g/2 oz/½ cană nucă de cocos deshidratată (mărunțită)

50 g/2 oz/½ cană făină simplă (universal)

2,5 ml/½ linguriță bicarbonat de sodiu (praf de copt)

100 g/4 oz/1 cană de ovăz rulat

50 g/2 oz/¼ cană unt, topit

Puneți caisele, stafidele, apa, sucul de lămâie și 2 linguri/30 ml zahăr brun într-o cratiță mică și amestecați la foc mic până se îngroașă. Se amestecă nuca de cocos și se lasă să se răcească. Amestecați făina, bicarbonatul de sodiu, ovăzul și zahărul rămas, apoi amestecați untul topit. Apăsați jumătate din amestecul de ovăz în fundul unei tavi pătrate de 20 cm/8 uns, apoi întindeți amestecul de caise deasupra. Acoperiți cu amestecul de ovăz rămas și apăsați ușor. Coaceți în cuptorul preîncălzit la 180°C/350°F/termostat 4 timp de 30 de minute până devin aurii. Se lasa la racit si apoi se taie felii.

Cartofi prajiti cu caise

face 16

2/3 cani/100g caise uscate gata de consumat

120 ml/4 oz/½ cană suc de portocale

100 g/4 oz/½ cană unt sau margarină

75 g/3 oz/¾ cană făină de grâu integral (grâu).

75 g/3 oz/¾ cană de ovăz rulat

75 g/3 oz/1/3 cană zahăr demerara

Înmuiați caisele în suc de portocale timp de cel puțin 30 de minute până se înmoaie, scurgeți-le și tocați-le. Frecați untul sau margarina în făină până când amestecul seamănă cu pesmet. Se amestecă ovăzul și zahărul. Presă jumătate din amestec într-o tavă unsă de 30 x 20 cm/12 x 8 și se presară peste caise. Întindeți restul amestecului deasupra și apăsați ușor. Coaceți în cuptorul preîncălzit la 180°C/350°F/termostat 4 timp de 25 de minute până devin aurii. Se lasa la racit in tava inainte de a se scoate din forma si taie batoane.

Batoane cu banane cu nuci

Va avea vreo 14 ani

2 oz/¼ cană/50 g unt sau margarină, înmuiată

75 g/3 oz/1/3 cană zahăr pudră (super fin) sau zahăr brun moale

2 banane mari, tocate

175 g/6 oz/1½ cană făină simplă (universal)

7,5 ml / 1½ linguriță praf de copt

2 ouă, bătute

2 oz/½ cană/50 g nuci, tocate grosier

Se amestecă untul sau margarina și zahărul. Se zdrobesc bananele și se amestecă amestecul. Se amestecă făina și praful de copt. Adăugați făina, ouăle și nucile în amestecul de banane și bateți bine. Se toarnă într-o tavă unsă și tapetată de 18x28cm/7x11, se netezește suprafața și se coace în cuptorul preîncălzit la 160°C/325°F/termostat 3 timp de 30-35 de minute până devine primăvară. Se lasă să se răcească în tavă câteva minute, apoi se răstoarnă pe un grătar pentru a termina de răcit. Tăiați în aproximativ 14 batoane.

brownie americane

Este vreo 15

2 ouă mari

225 g/8 oz/1 cană zahăr pudră (super fin).

2 oz/¼ cană/50 g unt sau margarină, topită

2,5 ml/½ linguriță esență de vanilie (extract)

75 g/3 oz/¾ cană făină simplă (universal)

45 ml/3 linguri pudră de cacao (ciocolată neîndulcită).

2,5 ml/½ linguriță praf de copt

Putina sare

2 oz/½ cană/50 g nuci, tocate grosier

Bateți ouăle și zahărul până devin groase și cremoase. Se adauga untul si esenta de vanilie. Cerneți făina, cacao, praful de copt și sarea și amestecați cu amestecul cu nucile. Se toarnă într-o formă pătrată de 20 cm bine unsă. Coaceți într-un cuptor preîncălzit la 180°C/350°F/termostat 4 timp de 40 până la 45 de minute, până când devine primăvară. Se lasă în tavă 10 minute, apoi se taie în pătrate și se transferă pe un grătar cât este încă cald.

Brownies cu ciocolata fudge

Va avea vreo 16 ani

225 g/8 oz/1 cană unt sau margarină

175 g/6 oz/¾ cană zahăr granulat

350 g/12 oz/3 căni de făină auto-crescătoare

30 ml/2 linguri pudră de cacao (ciocolată neîndulcită).

                      Pentru glazura:

175 g/6 oz/1 cană zahăr granulat (de cofetarie), cernut

30 ml/2 linguri pudră de cacao (ciocolată neîndulcită).

apă clocotită

Topiți untul sau margarina şi apoi adăugați zahărul pudră. Se amestecă făina şi cacao. Apăsați într-o tavă tapetată de 7 x 11 inchi/18 x 28 cm. Coaceți în cuptorul preîncălzit la 180°C/350°F/termostat 4 timp de aproximativ 20 de minute până când se înmoaie la atingere.

Pentru a face glazura, cerneți zahărul pudră şi cacao într-un castron şi adăugați o picătură de apă clocotită. Se amestecă până se omogenizează bine, adăugând o picătură sau mai multă apă dacă este necesar. Congelați brownies-urile cât sunt calde (dar nu fierbinți), apoi lăsați-le să se răcească înainte de a le tăia în pătrate.

Brownies cu nuca si ciocolata

face 12

50 g/2 oz/½ cană ciocolată simplă (semidulce)

75 g/3 oz/1/3 cană unt sau margarină

225 g/8 oz/1 cană zahăr pudră (super fin).

75 g/3 oz/¾ cană făină simplă (universal)

75 g/3 oz/¾ cană nuci tocate

50 g/2 oz/½ cană chipsuri de ciocolată

2 ouă, bătute

2,5 ml/½ linguriță esență de vanilie (extract)

Topiți ciocolata și untul sau margarina într-un castron rezistent la căldură peste o tigaie cu apă fierbinte ușor. Luați de pe foc și amestecați restul ingredientelor. Se toarnă într-o tavă unsă și tapetată de 8/20 cm și se coace în cuptorul preîncălzit la 180°C/350°F/termostat 4 timp de 30 de minute până când o scobitoare introdusă în centru iese curată. Se lasa la racit in tava si se taie in patrate.

Batoane de unt

face 16

100 g/4 oz/½ cană unt sau margarină, înmuiată

100 g/4 oz/½ cană zahăr pudră (super fin).

1 ou, separat

100 g/4 oz/1 cană făină simplă (toate scopuri)

25 g/1 oz/¼ cană nuci amestecate tocate

Amestecați untul sau margarina și zahărul până devin ușoare și pufoase. Amestecați gălbenușul de ou, apoi amestecați făina și nucile până când amestecul este destul de tare. Daca este foarte tare se adauga putin lapte; daca macinata mai amestecati putina faina. Turnați aluatul într-o tavă unsă de 30 x 20 cm/12 x 8. Albusurile se bat spuma si se intinde peste amestec. Coaceți în cuptorul preîncălzit la 180°C/350°F/termostat 4 timp de 30 de minute până devin aurii. Se lasa la racit si apoi se taie felii.

Tava de copt cu caramel de cirese

face 12

100 g/4 oz/1 cană migdale

8 oz / 1 cană cireșe glazurate (confiate), tăiate la jumătate

8 oz / 1 cană de unt sau margarină, înmuiată

225 g/8 oz/1 cană zahăr pudră (super fin).

3 oua, batute

100 g/4 oz/1 cană făină auto-crescătoare

50 g/2 oz/½ cană migdale măcinate

5 ml/1 lingura praf de copt

5 ml/1 linguriță esență de migdale (extract)

Întindeți migdalele și cireșele în fundul unei forme de 20 cm unsă și tapetată. Topiți ¼ cană/2 oz/50 g unt sau margarină cu ¼ cană/2 oz/50 g zahăr, apoi turnați peste cireșe și nuci. Bateți restul de unt sau margarina și zahărul până devine ușor și pufos, apoi amestecați ouăle și amestecați făina, migdalele măcinate, praful de copt și esența de migdale. Se toarnă amestecul în formă și se nivelează până sus. Coaceți într-un cuptor preîncălzit la 160°C/325°F/termostat 3 timp de 1 oră. Lăsați să se răcească în tavă câteva minute, apoi răsturnați cu grijă pe un grătar, răzuind o parte din umplutura de hârtie de pergament, dacă este necesar. Se lasa sa se raceasca complet inainte de a taia.

Tava de cuptor cu chipsuri de ciocolata

face 24

100 g/4 oz/½ cană unt sau margarină, înmuiată

100 g/4 oz/½ cană zahăr brun dulce

50 g/2 oz/¼ cană zahăr tos (super fin).

1 ou

5 ml/1 lingurita esenta de vanilie (extract)

100 g/4 oz/1 cană făină simplă (toate scopuri)

2,5 ml/½ linguriță bicarbonat de sodiu (praf de copt)

Putina sare

100 g/4 oz/1 cană chipsuri de ciocolată

Bateți untul sau margarina și zahărul până devine ușor și pufos, apoi adăugați treptat oul și esența de vanilie. Se amestecă făina, bicarbonatul de sodiu și sarea. Adăugați fulgii de ciocolată. Se toarnă într-o tavă pătrată de 25 cm/12 inci unsă cu făină și se coace în cuptorul preîncălzit la 190°C/375°F/termostat 2 timp de 15 minute până devin aurii. Se lasa la racit si apoi se taie in patrate.

Strat de crumble de scorțișoară

face 12

Pentru baza:

100 g/4 oz/½ cană unt sau margarină, înmuiată

30 ml/2 linguri miere limpede

2 oua, batute usor

100 g/4 oz/1 cană făină simplă (toate scopuri)

Pentru crumble:

75 g/3 oz/1/3 cană unt sau margarină

75 g/3 oz/¾ cană făină simplă (universal)

75 g/3 oz/¾ cană de ovăz rulat

5 ml/1 lingurita scortisoara macinata

50 g/2 oz/¼ cană zahăr demerara

Amestecați untul sau margarina și mierea până devin ușoare și pufoase. Adaugam ouale putin cate putin si apoi adaugam faina. Se toarnă jumătate din amestec într-o formă pătrată de 20 cm unsă și se netezește suprafața.

Pentru a face pesmet, frecați untul sau margarina în făină până când amestecul seamănă cu pesmet. Se amestecă ovăzul, scorțișoara și zahărul. Pune jumatate din pesmet in tava, apoi deasupra amestecului de prajitura ramas si apoi restul pesmetului. Coacem in cuptorul preincalzit la 190°C/375°F/termostat 5 aproximativ 35 de minute, pana cand o scobitoare introdusa in centru iese curata. Se lasa la racit si apoi se taie felii.

Batoane de scorțișoară delicioase

face 16

225 g/8 oz/2 căni de făină simplă (universal)

10 ml / 2 linguri de praf de copt

225 g/8 oz/1 cană zahăr brun dulce

15 ml / 1 lingura unt topit

250 ml/8 oz/1 cană lapte

30 ml/2 linguri zahăr demerara

10 ml/2 lingurițe de scorțișoară măcinată

25 g/1 oz/2 linguri de unt, răcit și tăiat cubulețe

Se amestecă făina, praful de copt și zahărul. Adăugați untul topit și laptele și amestecați bine. Presă amestecul în 2 forme pătrate cu diametrul de 23 cm. Se presară blatul cu zahăr demerara și scorțișoară, apoi se presează bucăți de unt deasupra. Coaceți în cuptorul preîncălzit la 180°C/350°F/termostat 4 timp de 30 de minute. Untul va face găuri în amestec și va deveni lipicios pe măsură ce se gătește.

Batoane cu nucă de cocos

face 16

75 g/3 oz/1/3 cană unt sau margarină

100 g/4 oz/1 cană făină simplă (toate scopuri)

30 ml/2 linguri zahăr tos (super fin).

2 oua

100 g/4 oz/½ cană zahăr brun dulce

Putina sare

175 g/6 oz/1½ cană nucă de cocos deshidratată (mărunțită)

50 g/2 oz/½ cană nuci amestecate tocate

glazura portocalie

Frecați untul sau margarina în făină până când amestecul seamănă cu pesmet. Se amestecă zahărul și se presează într-o tavă pătrată neunsă de 9/23 cm. Coaceți în cuptorul preîncălzit la 190°C/350°F/termostat 4 timp de 15 minute până se fixează.

Se amestecă ouăle, zahărul brun și sarea, apoi se amestecă nuca de cocos și nuca și se întinde pe fund. Coaceți 20 de minute până devin aurii și se întăresc. Inghetata cu glazura de portocale pe masura ce se raceste. Tăiați în batoane.

Sandwich-uri cu gem de cocos

face 16

25 g/1 oz/2 linguri de unt sau margarină

175 g/6 oz/1½ cani de făină auto-crescătoare

225 g/8 oz/1 cană zahăr pudră (super fin).

2 galbenusuri de ou

75 ml/5 linguri apă

175 g/6 oz/1½ cană nucă de cocos deshidratată (mărunțită)

4 albusuri

50 g/2 oz/½ cană făină simplă (universal)

100 g/4 oz/1/3 cană gem de căpșuni (conservă)

Frecați untul sau margarina în făina auto-crescătoare, apoi amestecați 50 g/¼ cană de zahăr. Se amestecă gălbenușurile de ou și 3 linguri/45 ml apă și se amestecă în amestec. Apăsați în fundul unei tavi unse de 30 x 20 cm/12 x 8 și înțepați cu o furculiță. Coaceți în cuptorul preîncălzit la 180°C/350°F/termostat 4 timp de 12 minute. Lasa sa se raceasca.

Punem nuca de cocos, restul de zahar si apa si un albus de ou intr-o cratita si amestecam la foc mic pana cand amestecul devine cocoloase fara colorare. Lasa sa se raceasca. Se amestecă făina simplă. Bateți albușurile rămase până se întăresc, apoi amestecați în amestec. Întindeți gemul pe fund și apoi întindeți umplutura de nucă de cocos. Coaceți timp de 30 de minute până se rumenesc. Se lasa sa se raceasca in tava inainte de a taia in batoane.

Curtal și coacere cu mere

face 12

1 mar fiert (tarta), curatat de coaja, fara miez si tocat

8 oz / 11/3 cani curmale (sâmbure), tocate

150 ml/¼ pt/2/3 cană apă

350 g/12 oz/3 căni de ovăz

6 oz/¾ cană/175 g unt sau margarină, topit

45 ml/3 linguri zahăr demerara

5 ml/1 lingurita scortisoara macinata

Intr-o cratita se pun merele, curmalele si apa si se fierb la foc mic aproximativ 5 minute pana cand merele sunt fragede. Lasa sa se raceasca. Combinați ovăzul, untul sau margarina, zahărul și scorțișoara. Se toarnă jumătate într-o formă pătrată de 20 cm unsă și se netezește suprafața. Acoperiți cu amestecul de mere și curmale, apoi acoperiți cu restul amestecului de ovăz și neteziți suprafața. Apăsați ușor. Coaceți în cuptorul preîncălzit la 190°C/375°F/termostat 5 pentru aproximativ 30 de minute până devin aurii. Se lasa la racit si apoi se taie felii.

Felii de curmale

face 12

8 oz / 11/3 cani curmale (sâmbure), tocate

30 ml/2 linguri miere limpede

30 ml/2 linguri suc de lamaie

225 g/8 oz/1 cană unt sau margarină

225 g/8 oz/2 căni de făină de grâu integral (grâu integral).

225 g/8 oz/2 căni de ovăz

75 g/3 oz/1/3 cană zahăr brun dulce

Se fierb curmalele, mierea și sucul de lămâie la foc mic câteva minute până când curmalele sunt moi. Frecați untul sau margarina în făină și ovăz până când amestecul seamănă cu pesmet, apoi amestecați zahărul. Se toarnă jumătate din amestec într-o tavă pătrată de 20 cm/8 cm unsă și tapetată. Deasupra se toarnă amestecul de curmale, apoi se pune restul amestecului de prăjitură. Apăsați ferm. Coaceți în cuptorul preîncălzit la 190°C/375°F/termostat 5 timp de 35 de minute până când se înmoaie la atingere. Se lasa sa se raceasca in tigaie, se felie cat inca fierbinte.

Citatele bunicii

face 16

100 g/4 oz/½ cană unt sau margarină, înmuiată

225 g/8 oz/1 cană zahăr brun dulce

2 oua, batute usor

175 g/6 oz/1½ cană făină simplă (universal)

2,5 ml/½ linguriță bicarbonat de sodiu (praf de copt)

5 ml/1 lingurita scortisoara macinata

Un praf de cuișoare măcinate

Un praf de nucsoara rasa

175 g/6 oz/1 cană curmale fără sâmburi, tocate

Amestecați untul sau margarina și zahărul până devin ușoare și pufoase. Adaugam ouale putin cate putin, batand bine dupa fiecare adaugare. Se amestecă ingredientele rămase până se combină bine. Se toarnă într-o tavă pătrată de 23 cm unsă și făinată și se coace în cuptorul preîncălzit la 180°C/350°F/termostat 4 timp de 25 de minute până când o scobitoare introdusă în centru iese curată. Se lasa la racit si apoi se taie felii.

Batoane cu curmale și ovăz

face 16

175 g/6 oz/1 cană curmale fără sâmburi, tocate

15 ml / 1 lingura de miere transparenta

30 ml/2 linguri apă

225 g/8 oz/2 căni de făină de grâu integral (grâu integral).

100 g/4 oz/1 cană de ovăz rulat

100 g/4 oz/½ cană zahăr brun dulce

2/3 cană/5 oz/150 g unt sau margarină, topit

Fierbe curmalele, mierea și apa într-o cratiță mică până când curmalele sunt moi. Se amestecă făina, ovăzul și zahărul, apoi se amestecă untul topit sau margarina. Apăsați jumătate din amestec într-o tavă pătrată unsă de 7"/18 cm, stropiți cu amestecul de curmale, apoi acoperiți cu amestecul de ovăz rămas și apăsați ușor. Coaceți în cuptorul preîncălzit la 180°C/350°F/termostat 4 pentru 1 oră până când devin ferm și aurii. Se lasă să se răcească în tigaie, se taie în batoane cât sunt încă fierbinți.

Batoane de curmale și nuci

face 12

100 g/4 oz/½ cană unt sau margarină, înmuiată

150 g/5 oz/2/3 cană zahăr tos (super fin).

1 ou, batut usor

100 g/4 oz/1 cană făină auto-crescătoare

8 oz / 11/3 cani curmale (sâmbure), tocate

100 g/4 oz/1 cană nuci tocate

15 ml/1 lingura lapte (optional)

100 g/4 oz/1 cană ciocolată simplă (semidulce)

Amestecați untul sau margarina și zahărul până devin ușoare și pufoase. Se amestecă oul, apoi făina, curmalele și nucile, adăugând puțin lapte dacă amestecul este prea tare. Se toarnă într-o tavă unsă de 30 x 20 cm/12 x 8 și se coace în cuptorul preîncălzit la 180°C/350°F/termostat 4 timp de 30 de minute, până când devine primăvară. Lasa sa se raceasca.

Topiți ciocolata într-un castron rezistent la căldură peste o cratiță cu apă fierbinte ușor. Întindeți amestecul și lăsați să se răcească și să se întărească. Tăiați în batoane cu un cuțit ascuțit.

Batoane de smochine

face 16

8 oz/225 g smochine proaspete tocate

30 ml/2 linguri miere limpede

15 ml/1 lingură suc de lămâie

225 g/8 oz/2 căni de făină de grâu integral (grâu integral).

225 g/8 oz/2 căni de ovăz

225 g/8 oz/1 cană unt sau margarină

75 g/3 oz/1/3 cană zahăr brun dulce

Fierbeți smochinele, mierea și sucul de lămâie la foc mic timp de 5 minute. Se lasa putin sa se raceasca. Se amestecă făina și ovăzul, apoi se amestecă untul sau margarina și se amestecă zahărul. Presă jumătate din amestec într-o tavă pătrată unsă cu unsoare de 20 cm, apoi toarnă amestecul de smochine deasupra. Acoperiți cu amestecul de prăjitură rămas și apăsați ferm. Coaceți în cuptorul preîncălzit la 180°C/350°F/termostat 4 timp de 30 de minute până devin aurii. Se lasă la răcit în tigaie și se feliază cât este încă caldă.

Flapjacks

face 16

75 g/3 oz/1/3 cană unt sau margarină

50 g/2 oz/3 linguri de sirop de aur (porumb ușor)

100 g/4 oz/½ cană zahăr brun dulce

175 g/6 oz/1½ cană de ovăz

Topiți untul sau margarina cu siropul și zahărul, apoi adăugați ovăzul. Presă într-o tavă pătrată unsă de 8/20 cm și coace în cuptorul preîncălzit la 180°C/350°F/termostat 4 timp de aproximativ 20 de minute până devine ușor auriu. Se lasa sa se raceasca putin inainte de a taia in batoane, apoi se raceste complet in tava inainte de a se desface.

Flapjacks de cireșe

face 16

75 g/3 oz/1/3 cană unt sau margarină

50 g/2 oz/3 linguri de sirop de aur (porumb ușor)

100 g/4 oz/½ cană zahăr brun dulce

175 g/6 oz/1½ cană de ovăz

100g/4oz/1 cană cireșe glazurate (confiate), tocate

Topiți untul sau margarina cu siropul și zahărul, apoi amestecați ovăzul și cireșele. Apăsați într-o tavă pătrată de 8"/20 cm (tavă) și coaceți într-un cuptor preîncălzit la 350°F/180°C/termostat 4 timp de aproximativ 20 de minute până când devin ușor aurii. Se lasă să se răcească puțin înainte de a le tăia în batoane, apoi se lasă să se răcească complet în tigaie înainte de desfacere.

Flapjacks de ciocolată

face 16

75 g/3 oz/1/3 cană unt sau margarină

50 g/2 oz/3 linguri de sirop de aur (porumb ușor)

100 g/4 oz/½ cană zahăr brun dulce

175 g/6 oz/1½ cană de ovăz

100 g/4 oz/1 cană chipsuri de ciocolată

Topiți untul sau margarina cu siropul și zahărul, apoi amestecați ovăzul și fulgii de ciocolată. Apăsați într-o tavă pătrată unsă de 8"/20 cm și coaceți într-un cuptor preîncălzit la 350°F/180°C/termostat 4 timp de aproximativ 20 de minute până când devin ușor aurii. Se lasă să se răcească puțin înainte de a le tăia în batoane, apoi se lasă să se răcească complet în tigaia înainte de desfacere.

Plăcinte cu fructe

face 16

75 g/3 oz/1/3 cană unt sau margarină

100 g/4 oz/½ cană zahăr brun dulce

50 g/2 oz/3 linguri de sirop de aur (porumb ușor)

175 g/6 oz/1½ cană de ovăz

75 g/3 oz/½ cană stafide, stafide sau alte nuci

Topiți untul sau margarina cu zahărul și siropul, apoi amestecați ovăzul și stafidele. Apăsați într-o tavă pătrată de 8"/20 cm (tavă) și coaceți într-un cuptor preîncălzit la 350°F/180°C/termostat 4 timp de aproximativ 20 de minute până când devin ușor aurii. Se lasă să se răcească puțin înainte de a le tăia în batoane, apoi se lasă să se răcească complet în tigaie înainte de desfacere.

Flapjacks cu fructe și nuci

face 16

75 g/3 oz/1/3 cană unt sau margarină

100 g/4 oz/1/3 cană miere limpede

50 g/2 oz/1/3 cană stafide

50 g/2 oz/½ cană nuci, tocate

175 g/6 oz/1½ cană de ovăz

Topiți untul sau margarina cu mierea la foc mic. Se amestecă stafidele, nucile și ovăzul și se amestecă bine. Se toarnă într-o tavă pătrată de 23 cm unsă și se coace în cuptorul preîncălzit la 180°C/350°F/termostat 4 timp de 25 de minute. Se lasa la racit in tigaie, se taie batoane cat inca fierbinti.

Flapjacks de ghimbir

face 16

75 g/3 oz/1/3 cană unt sau margarină

100 g/4 oz/½ cană zahăr brun dulce

50 g/2 oz/3 linguri de sirop dintr-un borcan de ghimbir

175 g/6 oz/1½ cană de ovăz

4 bucati de ghimbir tulpina, tocate marunt

Topiți untul sau margarina cu zahărul și siropul, apoi amestecați ovăzul și ghimbirul. Apăsați într-o tavă pătrată unsă de 8"/20 cm și coaceți într-un cuptor preîncălzit la 350°F/180°C/termostat 4 timp de aproximativ 20 de minute până când devin ușor aurii. Se lasă să se răcească puțin înainte de a le tăia în batoane, apoi se lasă să se răcească complet în tigaia înainte de desfacere.

Flapjacks de nucă

face 16

75 g/3 oz/1/3 cană unt sau margarină

50 g/2 oz/3 linguri de sirop de aur (porumb ușor)

100 g/4 oz/½ cană zahăr brun dulce

175 g/6 oz/1½ cană de ovăz

100 g/4 oz/1 cană nuci amestecate tocate

Topiți untul sau margarina cu siropul și zahărul, apoi amestecați ovăzul și nucile. Apăsați într-o tavă pătrată unsă de 8"/20 cm și coaceți într-un cuptor preîncălzit la 350°F/180°C/termostat 4 timp de aproximativ 20 de minute până când devin ușor aurii. Se lasă să se răcească puțin înainte de a le tăia în batoane, apoi se lasă să se răcească complet în tigaia înainte de desfacere.

Biscuiți crocanți cu unt de lămâie

face 16

100 g/4 oz/1 cană făină simplă (toate scopuri)

100 g/4 oz/½ cană unt sau margarină, înmuiată

75 g/3 oz/½ cană de zahăr pudră (de cofetarie), cernut

2,5 ml/½ linguriță praf de copt

Putina sare

30 ml/2 linguri suc de lamaie

10 ml/2 lingurite coaja de lamaie rasa

Se amestecă făina, untul sau margarina, zahărul pudră și praful de copt. Apăsați într-o tavă pătrată unsă de 9"/23 cm și coaceți într-un cuptor preîncălzit la 350°F/180°C/termostat 4 timp de 20 de minute.

Combinați restul ingredientelor și bateți până devine ușor și pufos. Turnați bulionul fierbinte, reduceți temperatura cuptorului la 160°C/325°F/termostat 3 și reveniți la cuptor pentru încă 25 de minute până când se înmoaie la atingere. Se lasa la racit si apoi se taie in patrate.

Dale de piele intoarsa si nuca de cocos

face 20

1 ou

100 g/4 oz/½ cană zahăr pudră (super fin).

100 g/4 oz/1 cană făină simplă (toate scopuri)

10 ml / 2 linguri de praf de copt

Putina sare

75 ml/5 linguri lapte

75 g/3 oz/1/3 cană unt sau margarină, topit

15 ml/1 lingura pudra de cacao (ciocolata neindulcita).

2,5 ml/½ linguriță esență de vanilie (extract)

Pentru a ornat:
75 g/3 oz/½ cană de zahăr pudră (de cofetarie), cernut

2 oz/¼ cană/50 g unt sau margarină, topită

45 ml/3 linguri cafea neagră tare fierbinte

15 ml/1 lingura pudra de cacao (ciocolata neindulcita).

2,5 ml/½ linguriță esență de vanilie (extract)

25 g/1 oz/¼ cană nucă de cocos deshidratată (mărunțită)

Se amestecă ouăle și zahărul până devin ușoare și pufoase. Adaugam faina, praful de copt si sarea alternativ cu laptele si untul sau margarina topit. Adăugați cacao și esență de vanilie. Se toarnă amestecul într-o tavă pătrată unsă de 8"/20 cm și se coace într-un cuptor preîncălzit la 200°C/400°F/termostat 6 timp de 15 minute până când este bine umflat și elastic la atingere.

Pentru a face umplutura, combina zaharul pudra, untul sau margarina, cafeaua, cacao si esenta de vanilie. Se intinde peste prajitura fierbinte si se presara cu nuca de cocos. Se lasa la racit in tava, apoi se desface si se taie patrate.

Bună Dolly Cookies

face 16

100 g/4 oz/½ cană unt sau margarină

100 g/4 oz/1 cană de biscuiți digestivi

(Fisicituri de biscuiți Graham

100 g/4 oz/1 cană chipsuri de ciocolată

100 g/4 oz/1 cană nucă de cocos deshidratată (mărunțită)

100 g/4 oz/1 cană nuci tocate

400 g/14 oz/1 cutie mare de lapte condensat

Topiți untul sau margarina și amestecați cu firimiturile de biscuiți. Apăsați amestecul în fundul unei tavi de pâine unsă și tapetată cu folie de 28 x 18 cm/11 x 7. Presaram fulgii de ciocolata, apoi nuca de cocos si la final nucile. Se toarnă laptele condensat și se coace în cuptorul preîncălzit la 180°C/350°F/termostat 4 timp de 25 de minute. Se felie cat inca fierbinte si se lasa sa se raceasca complet.

Batoane cu nucă de cocos și ciocolată

face 12

75 g/3 oz/¾ cană ciocolată cu lapte

75 g/3 oz/¾ cană ciocolată simplă (semidulce)

75 g/3 oz/1/3 cană unt de arahide crocant

3 oz/¾ cană/75 g firimituri de biscuiți digestivi (biscuiți Graham)

3 oz/¾ cană nuci, zdrobite

75 g/3 oz/¾ cană nucă de cocos deshidratată (mărunțită)

75 g/3 oz/¾ cană ciocolată albă

Topiți ciocolata cu lapte într-un castron rezistent la căldură peste o cratiță cu apă fierbinte ușor. Se unge fundul unei forme pătrate cu diametrul de 23 cm și se lasă să se întărească.

Topiți ușor ciocolata neagră și untul de arahide la foc mic, apoi amestecați pesmeturile, nucile și nuca de cocos. Se intinde peste ciocolata calita si se da la frigider pana se intareste.

Topiți ciocolata albă într-un castron rezistent la căldură peste o cratiță cu apă fierbinte ușor. Presărați fursecurile într-un model și lăsați să se întărească înainte de a le tăia în batoane.

Cutii cu alune

face 12

75 g/3 oz/¾ cană ciocolată simplă (semidulce)

2 oz/¼ cană/50 g unt sau margarină

100 g/4 oz/½ cană zahăr pudră (super fin).

2 oua

5 ml/1 lingurita esenta de vanilie (extract)

75 g/3 oz/¾ cană făină simplă (universal)

2,5 ml/½ linguriță praf de copt

100 g/4 oz/1 cană nuci amestecate tocate

Topiți ciocolata într-un castron rezistent la căldură peste o cratiță cu apă fierbinte ușor. Se amestecă untul până se topește, apoi se amestecă zahărul. Se ia de pe foc si se amesteca ouale si extractul de vanilie. Se amestecă făina, praful de copt și nucile. Turnați amestecul într-o tavă pătrată de 25 cm/10 și coaceți în cuptorul preîncălzit la 180°C/350°F/termostat 4 timp de 15 minute până devin aurii. Tăiați în pătrate mici cât sunt încă calde.

Felii de portocale pecan

face 16

375 g/13 oz/3¼ cani de făină simplă (universal)

275 g/10 oz/1¼ cani de zahar pudra (super fin).

5 ml/1 lingura praf de copt

75 g/3 oz/1/3 cană unt sau margarină

2 ouă, bătute

175 ml/6 fl oz/¾ cană lapte

1 cutie mică/7oz/200g mandarine, scurse și tocate grosier

100 g/4 oz/1 cană nuci pecan tocate

Coaja fină a 2 portocale

10 ml/2 lingurițe de scorțișoară măcinată

Se amestecă 3 căni/12 oz/325 g făină, 1 cană/8 oz/225 g zahăr și praful de copt. Topiți ¼ cană/2 oz/50 g unt sau margarină și amestecați ouăle și laptele. Amestecați ușor lichidul în ingredientele uscate până la omogenizare. Se amestecă mandarinele, nucile pecan și coaja de portocală. Se toarnă într-o tavă de 30 x 20 cm unsă și tapetată. Frecați restul de făină, zahăr, unt și scorțișoară și presărați peste prăjitură. Coaceți în cuptorul preîncălzit la 180°C/350°F/termostat 4 timp de 40 de minute până devin aurii. Se lasa la racit in tava si se taie in aproximativ 16 felii.

Parcul

Face 16 pătrate

100 g/4 oz/½ cană muschi de porc (scurt)

100 g/4 oz/½ cană unt sau margarină

75 g/3 oz/1/3 cană zahăr brun dulce

100 g/4 oz/1/3 cană sirop de aur (porumb ușor)

100 g/4 oz/1/3 cană sirop închis (melasă)

10 ml/2 lingurițe de bicarbonat de sodiu (praf de copt)

150 ml/¼ pt/2/3 cană lapte

225 g/8 oz/2 căni de făină de grâu integral (grâu integral).

225 g/8 oz/2 căni de ovăz

10 ml/2 linguriță ghimbir măcinat

2,5 ml/½ linguriță sare

Topiți untul, untul sau margarina, zahărul, siropul și siropul într-o cratiță. Dizolvați bicarbonatul de sodiu în lapte și amestecați în oală cu restul ingredientelor. Se toarnă într-o tavă pătrată unsă și tapetată de 20 cm/8" și se coace într-un cuptor preîncălzit la 325°F/160°C/termostat 3 timp de 1 oră până se fixează. Poate cădea la mijloc. Se lasă la răcit și apoi se păstrează timp de o oră. câteva zile într-un recipient ermetic înainte de a tăia și a servi.

batoane cu unt de arahide

face 16

100 g/4 oz/1 cană unt sau margarină

175 g/6 oz/1¼ cană făină simplă (universal)

175 g/6 oz/¾ cană zahăr brun dulce

75 g/3 oz/1/3 cană unt de arahide

Putina sare

1 galbenus de ou mic, batut

2,5 ml/½ linguriță esență de vanilie (extract)

100 g/4 oz/1 cană ciocolată simplă (semidulce)

2 oz/50 g fulgi de orez umflat

Frecați untul sau margarina în făină până când amestecul seamănă cu pesmet. Se amestecă zahărul, 2 linguri / 30 ml de unt de arahide și sarea. Adăugați gălbenușul de ou și esența de vanilie și amestecați până se omogenizează bine. Apăsați într-o tavă pătrată de 25 cm/10 inchi. Coaceți într-un cuptor preîncălzit la 160°C/325°F/termostat 3 timp de 30 de minute până când este umflat și elastic la atingere.

Topiți ciocolata într-un castron rezistent la căldură peste o cratiță cu apă fierbinte ușor. Luați de pe foc și adăugați untul de arahide rămas. Se amestecă cerealele și se amestecă bine până când se îmbină cu amestecul de ciocolată. Se toarnă tortul și se netezește suprafața. Se lasa sa se raceasca, apoi se da la frigider si se taie in batoane.

Farfurii pentru picnic

face 12

225 g/8 oz/2 căni de ciocolată simplă (semidulce).

2 oz/¼ cană/50 g unt sau margarină, înmuiată

100 g/4 oz/½ cană zahăr granulat

1 ou, batut usor

100 g/4 oz/1 cană nucă de cocos deshidratată (mărunțită)

50 g/2 oz/1/3 cană stafide (stafide aurii)

2 oz/50 g/¼ ceasca de cirese glazurate (confiate), tocate

Topiți ciocolata într-un castron rezistent la căldură peste o cratiță cu apă fierbinte ușor. Se toarnă în fundul unei forme unse și tapetate de 30 x 20 cm / 12 x 8 Swiss Roll. Amestecați untul sau margarina și zahărul până devin ușoare și pufoase. Adăugați oul puțin câte puțin și apoi amestecați nuca de cocos, stafidele și cireșele. Se intinde peste ciocolata si se coace in cuptorul preincalzit la 150°C/300°F/termostat 3 timp de 30 de minute pana devin aurii. Se lasa la racit si apoi se taie felii.

S-au servit ananas și nucă de cocos

face 20

1 ou

100 g/4 oz/½ cană zahăr pudră (super fin).

75 g/3 oz/¾ cană făină simplă (universal)

5 ml/1 lingura praf de copt

Putina sare

75 ml/5 linguri apă

Pentru a ornat:
200 g/7 oz/1 cutie mică de ananas, scurs și tocat

25 g/1 oz/2 linguri de unt sau margarină

50 g/2 oz/¼ cană zahăr tos (super fin).

1 galbenus de ou

25 g/1 oz/¼ cană nucă de cocos deshidratată (măruntita)

5 ml/1 lingurita esenta de vanilie (extract)

Bate ouăle și zahărul până devin limpezi și palide. Adăugați făina, praful de copt și sarea alternativ cu apa. Se toarnă într-o tavă pătrată de 18 cm unsă cu făină și se coace într-un cuptor preîncălzit la 400°F/200°C/termostat 6 timp de 20 de minute până când este bine umflat și elastic la atingere. Puneți ananasul pe prăjitura fierbinte. Încălziți restul ingredientelor de umplutură într-o cratiță mică la foc mic, amestecând constant, până se combină bine, dar nu lăsați amestecul să fiarbă. Se toarnă peste ananas și se dă prajitura la cuptor pentru încă 5 minute, până când toppingul devine maro auriu. Se lasa la racit in tava 10 minute,

Prajitura cu drojdie de prune

face 16

15 g/½ oz drojdie proaspătă sau 20 ml/4 linguri drojdie uscată

50 g/2 oz/¼ cană zahăr tos (super fin).

¼ pct/150 ml/2/3 cană lapte fierbinte

2 oz/¼ cană/50 g unt sau margarină, topită

1 ou

1 galbenus de ou

2¼ căni/9 oz/250 g făină simplă (toate scopuri)

5 ml/1 lingurita coaja de lamaie rasa fin

1½ lb / 675 g prune, tăiate în sferturi şi fără sâmburi (sâmbure)

Zahăr pudră, cernut, pentru stropire

scorţişoară măcinată

Se amestecă drojdia cu 5 ml/1 lingură zahăr şi puţin lapte cald şi se lasă la loc cald timp de 20 de minute până devine spumoasă. Bateţi zahărul şi laptele rămase cu untul sau margarina topit, oul şi gălbenuşul. Amestecaţi făina şi coaja de lămâie într-un castron şi faceţi un godeu în mijloc. Amestecaţi treptat amestecul de drojdie şi amestecul de ouă până obţineţi un aluat omogen. Bateţi până când aluatul este foarte neted şi încep să se formeze bule la suprafaţă. Apăsaţi uşor într-o tavă pătrată de 25 cm/10 inch unsă şi făinată (formă). Puneţi ferm prunele deasupra aluatului. Acoperiţi cu folie de plastic unsă (folie de plastic) şi lăsaţi la crescut la loc cald timp de 1 oră până când îşi dublează dimensiunea. Coaceţi într-un cuptor preîncălzit la 200°C/400°F/termostat 6, apoi coborâţi imediat temperatura cuptorului la 190°C/375°F/termostat 5 şi gătiţi timp de 45 de minute.Scădeţi din nou temperatura cuptorului la 180°C/350°F/termostat 4 şi mai coaceţi încă 15 minute până devine auriu. Presărați tortul cu zahăr pudră și scorțișoară cât este încă fierbinte, lăsați să se răcească și tăiați în pătrate.

Batoane americane cu dovleac

face 20

2 oua

175 g/6 oz/¾ cană zahăr pudră (super fin).

120 ml/4 oz/½ cană ulei

225 g/8 oz cubulețe de dovleac fiert

100 g/4 oz/1 cană făină simplă (toate scopuri)

5 ml/1 lingura praf de copt

5 ml/1 lingurita scortisoara macinata

2,5 ml/½ linguriță bicarbonat de sodiu (praf de copt)

50 g/2 oz/1/3 cană stafide (stafide aurii)

Glazura cu crema de branza

Batem ouale usoare si spumoase, apoi amestecam zaharul si uleiul si amestecam dovleacul. Bateți făina, praful de copt, scorțișoara și bicarbonatul de sodiu până se omogenizează bine. Atinge sultanii. Se toarnă amestecul într-o tavă cu arc de 30 x 20 cm/12 x 8 cm unsă și făinată și se coace în cuptorul preîncălzit la 180°C/350°F/termostat 4 timp de 30 de minute până când o scobitoare introdusă în centru iese curată. Se lasa sa se raceasca, apoi se intinde cu glazura de crema de branza si se taie batoane.

Batoane de gutui și migdale

face 16

450g/1lb gutui

50 g/2 oz/¼ cană muschie de porc (scurtă)

2 oz/¼ cană/50 g unt sau margarină

100 g/4 oz/1 cană făină simplă (toate scopuri)

30 ml/2 linguri zahăr tos (super fin).

Aproximativ 30 ml / 2 linguri de apă

Pentru umplutura:

75 g/3 oz/1/3 cană unt sau margarină, moale

100 g/4 oz/½ cană zahăr pudră (super fin).

2 oua

Câteva picături de esență de migdale (extract)

100 g/4 oz/1 cană migdale măcinate

25 g/1 oz/¼ cană făină simplă (universal)

50 g/2 oz/½ cană fulgi de migdale

Curățați, sămânță și tocați mărunt gutuile. Se pune intr-o oala si se acopera numai cu apa. Se aduce la fierbere și se lasă să fiarbă aproximativ 15 minute până se înmoaie. Scurgeți excesul de apă.

Frecați untura și untul sau margarina în făină până când amestecul seamănă cu pesmet. Se amestecă zahărul. Adăugați suficientă apă pentru a face un aluat moale, apoi răsturnați pe o suprafață ușor înfăinată și folosiți pentru a căptuși fundul și părțile laterale ale unei tavi de 12 x 8/30 x 20 cm. Înțepați cu o furculiță. Cu o lingura cu fanta, aranjam gutuile pe aluat.

Amestecam untul sau margarina si zaharul si incorporam treptat ouale si esenta de migdale. Se adauga migdalele macinate si faina si se toarna peste gutui. Presărați fulgi de migdale deasupra și coaceți în cuptorul preîncălzit la 180°C/350°F/termostat 4 timp de 45 de minute până când devine ferm și auriu. Tăiați în pătrate odată răcit.

Batoane cu stafide

face 12

175 g/6 oz/1 cană stafide

250 ml/8 oz/1 cană apă

75 ml/5 linguri ulei

225 g/8 oz/1 cană zahăr pudră (super fin).

1 ou, batut usor

200 g/7 oz/1¾ cană făină simplă (universal)

1,5 ml/¼ linguriță sare

5 ml/1 linguriță bicarbonat de sodiu (praf de copt)

5 ml/1 lingurita scortisoara macinata

2,5 ml/½ linguriță nucșoară rasă

2,5 ml/½ linguriță piper măcinat

Un praf de cuișoare măcinate

50 g/2 oz/½ cană chipsuri de ciocolată

50 g/2 oz/½ cană nuci, tocate

2 linguri / 30 ml zahar pudra (cofetarii), cernute

Se fierb stafidele si apa, apoi se adauga uleiul, se ia de pe foc si se lasa putin sa se raceasca. Se amestecă zahărul granulat și ouăle. Se amestecă făina, sarea, bicarbonatul de sodiu și condimentele. Amestecați amestecul de stafide, apoi amestecați fulgii de ciocolată și nucile. Se toarnă într-o tavă pătrată unsă de 12"/30 cm și se coace într-un cuptor preîncălzit la 375°F/190°C/termostat 5 timp de 25 de minute până când prăjitura începe să se micșoreze pe părțile laterale ale tăvii. Se lasă să se răcească înainte de a se pudrea cu glazură. zahăr și tăiat în batoane.

Patratele de fulgi de ovaz cu zmeura

face 12

175 g/6 oz/¾ cană unt sau margarină

225 g/8 oz/2 căni de făină auto-crescătoare (auto-crescătoare)

5 ml/1 lingura sare

175 g/6 oz/1½ cană de ovăz

175 g/6 oz/¾ cană zahăr pudră (super fin).

Cutie de 11 oz/300 g zmeură medie, scursă

Frecați untul sau margarina în făină și sare, apoi amestecați ovăzul și zahărul. Presă jumătate din amestec într-o tavă pătrată de 10/25 cm unsă. Aranjați zmeura deasupra și acoperiți cu restul amestecului, apăsând ferm. Coaceți în cuptorul preîncălzit la 200°C/400°F/termostat 6 timp de 20 de minute. Se lasa sa se raceasca putin in tava inainte de a taia in patrate.

Bezele cu scorțișoară

face 24

75 g/3 oz/½ cană de zahăr pudră (de cofetarie), cernut

100 g/4 oz/1 cană făină simplă (toate scopuri)

100 g/4 oz/½ cană unt sau margarină, înmuiată

1 ou

225 g/8 oz/2/3 cană gem (conserve de fructe)

2 albusuri

100 g/4 oz/½ cană zahăr pudră (super fin).

2,5 ml/½ linguriță de scorțișoară măcinată

Se amestecă zahărul pudră, făina, untul sau margarina și ouăle. Apăsați amestecul în fundul unei forme pătrate de 25 cm unse și coaceți în cuptorul preîncălzit la 180°C/350°F/termostat 4 timp de 10 minute. Scoatem din cuptor si intindem gemul deasupra. Bateți albușurile spumă până se formează vârfuri moi, apoi amestecați zahărul granulat și scorțișoara până când sunt tari și lucioase. Deasupra se intinde gemul si se da la cuptor pentru 25 de minute pana devine auriu. Se lasa la racit si apoi se taie in patrate.

Glazura Glazura

Suficient pentru a acoperi un tort de 8"/20 cm

2/3 cană/4 oz/100 g zahăr granulat (de cofetarie), cernut

25-30 ml/1½-2 linguri de apă

Câteva picături de colorant alimentar (opțional)

Turnati zaharul intr-un bol si amestecati putin cate putin cu apa pana glazura se omogenizeaza. Colorează cu câteva picături de colorant alimentar, dacă se doreşte. Glazura va fi opaca daca se intinde peste fursecuri reci sau translucida daca se intinde peste fursecuri calde.

Glazură de cafea cu gheață

Suficient pentru a acoperi un tort de 8"/20 cm

2/3 cană/4 oz/100 g zahăr granulat (de cofetarie), cernut

25–30 ml/1½–2 linguri cafea neagră foarte tare

Se toarnă zahărul într-un bol şi se amestecă cafeaua puțin câte puțin până când glazura este omogenă.

Glazura de lamaie

Suficient pentru a acoperi un tort de 8"/20 cm

2/3 cană/4 oz/100 g zahăr granulat (de cofetarie), cernut

25-30 ml/1½-2 linguri suc de lamaie

Coaja rasa fin de la 1 lamaie

Intr-un bol se pune zaharul si se amesteca sucul de lamaie si coaja putin cate putin pana glazura se omogenizeaza.

Glazura portocalie

Suficient pentru a acoperi un tort de 8"/20 cm

2/3 cană/4 oz/100 g zahăr granulat (de cofetarie), cernut

25–30 ml/1½–2 linguri suc de portocale

coaja rasa fin a 1 portocala

Se pune zaharul intr-un recipient si se amesteca sucul de portocale si coaja putin cate putin pana glazura este omogena.

Glazură de rom cu gheață

Suficient pentru a acoperi un tort de 8"/20 cm

2/3 cană/4 oz/100 g zahăr granulat (de cofetarie), cernut

25-30 ml/1½-2 linguri rom

Punem zaharul intr-un bol si amestecam romul cate putin pana cand glazura devine omogena.

Glazura congelata de vanilie

Suficient pentru a acoperi un tort de 8"/20 cm

2/3 cană/4 oz/100 g zahăr granulat (de cofetarie), cernut

25 ml / 1½ linguriță apă

Câteva picături de esență de vanilie (extract)

Punem zaharul intr-un bol si amestecam putin cate putin apa si esenta de vanilie pana inghetata devine omogena.

Glazura de ciocolata la cuptor

Suficient pentru a acoperi un tort de 9"/23 cm

275 g/10 oz/1¼ cani de zahar pudra (super fin).

100 g/4 oz/1 cană ciocolată simplă (semidulce)

50 g/2 oz/¼ cană pudră de cacao (ciocolată neîndulcită)

120 ml/4 oz/½ cană apă

Aduceți toate ingredientele la fiert, amestecând până se omogenizează bine. Gatiti la foc mediu pana la 108°C/220°F sau pana cand se formeaza un fir lung cand este tras intre doua lingurite. Se toarnă într-un castron larg și se bate până când devine groasă și lucioasă.

Umplutura de ciocolata si nuca de cocos

Suficient pentru a acoperi un tort de 9"/23 cm

175 g/6 oz/1½ cană ciocolată simplă (semidulce)

90 ml/6 linguri de apă clocotită

225 g/8 oz/2 căni nucă de cocos deshidratată (măruntită)

Măcinați ciocolata și apa într-un blender sau robot de bucătărie, apoi adăugați nuca de cocos și amestecați până la omogenizare. Se presară peste fursecurile simple cât sunt încă calde.

Topping de caramel

Suficient pentru a acoperi un tort de 9"/23 cm

2 oz/¼ cană/50 g unt sau margarină

45 ml/3 linguri pudră de cacao (ciocolată neîndulcită).

60 ml/4 linguri lapte

2½ căni/15 oz/425 g zahăr pudră (de cofetarie), cernut

5 ml/1 lingurita esenta de vanilie (extract)

Topiți untul sau margarina într-o cratiță mică și apoi amestecați cu cacao și laptele. Se aduce la fierbere, amestecând continuu, apoi se ia de pe foc. Se adauga putin cate putin zaharul si esenta de vanilie si se bate pana se omogenizeaza.

Umplutură dulce de brânză cremă

Suficient pentru a acoperi un tort de 12"/30 cm

100 g/4 oz/½ cană cremă de brânză

25 g/1 oz/2 linguri unt sau margarină, moale

2 cesti/12 oz/350 g zahar pudra (cofetarie), cernut

5 ml/1 lingurita esenta de vanilie (extract)

30 ml/2 linguri de miere limpede (opțional)

Bate crema de branza si untul sau margarina pana devin usoare si pufoase. Amesteca treptat zaharul si esenta de vanilie pana se omogenizeaza. Îndulciți cu puțină miere dacă doriți.

Glazură de catifea americană

Suficient pentru a acoperi două prăjituri de 9"/23 cm

175 g/6 oz/1½ cană ciocolată simplă (semidulce)

120 ml / 4 fl oz / ½ cană smântână (acid lactic)

5 ml/1 lingurita esenta de vanilie (extract)

Putina sare

400 g/14 oz/21/3 căni de zahăr glazurat (de cofetarie), cernut

Topiți ciocolata într-un castron rezistent la căldură peste o cratiță cu apă fierbinte ușor. Se ia de pe foc si se amesteca smantana, extractul de vanilie si sarea. Se amestecă treptat zahărul până se omogenizează.

glazură cu cremă de unt

Suficient pentru a acoperi un tort de 9"/23 cm

2 oz/¼ cană/50 g unt sau margarină, înmuiată

250 g/9 oz/1½ cani de zahar pudra (cofetarie), cernut

5 ml/1 lingurita esenta de vanilie (extract)

30 ml/2 linguri smântână (ușoară)

Crema untul sau margarina pana se omogenizeaza, apoi amestecam treptat zaharul, esenta de vanilie si smantana pana devine omogena si cremoasa.

Glazura de caramel

Suficient pentru a umple și acoperi o prăjitură de 9"/23 cm

100 g/4 oz/½ cană unt sau margarină

225 g/8 oz/1 cană zahăr brun dulce

60 ml/4 linguri lapte

2 cesti/12 oz/350 g zahar pudra (cofetarie), cernut

Topiți untul sau margarina și zahărul la foc mic, amestecând continuu, până se omogenizează. Se adauga laptele si se lasa sa fiarba. Se ia de pe foc si se lasa sa se raceasca. Bateți zahărul pudră până capătă o consistență tartinabilă.

Glazura de lamaie

Suficient pentru a acoperi un tort de 9"/23 cm

25 g/1 oz/2 linguri de unt sau margarină

5 ml/1 lingură coajă de lămâie rasă

30 ml/2 linguri suc de lamaie

250 g/9 oz/1½ cani de zahar pudra (cofetarie), cernut

Amestecați untul sau margarina și coaja de lămâie până devin ușoare și pufoase. Amesteca treptat sucul de lamaie si zaharul pana se omogenizeaza.

Glazură cu cremă de unt de cafea

Suficient pentru a umple și acoperi o prăjitură de 9"/23 cm

1 albus de ou

75 g/3 oz/1/3 cană unt sau margarină, moale

30 ml/2 linguri lapte caldut

5 ml/1 lingurita esenta de vanilie (extract)

15 ml/1 lingură granule de cafea instant

Putina sare

2 căni/12 oz/350 g zahăr pudră (de cofetarie), cernut

Se amestecă albușurile, untul sau margarina, laptele fierbinte, esența de vanilie, cafeaua și sarea. Se amestecă treptat zahărul pudră până se omogenizează.

Lady Baltimore Frosting

Suficient pentru a umple și acoperi o prăjitură de 9"/23 cm

1/3 cană/2 oz/50 g stafide, tocate

2 oz/50 g/¼ ceasca de cirese glazurate (confiate), tocate

2 oz/½ cană/50 g nuci pecan tocate

25 g/1 oz/3 linguri smochine uscate tocate

2 albusuri

350 g/12 oz/1½ cană de zahăr tos (super fin).

Un strop de crema de tartru

75 ml/5 linguri de apă rece

Putina sare

5 ml/1 lingurita esenta de vanilie (extract)

Combinați stafidele, cireșele, nucile și smochinele. Bateți albușurile, zahărul, crema de tartru, apa și sarea într-un castron rezistent la căldură peste o cratiță cu apă fierbinte ușor timp de aproximativ 5 minute până se formează vârfuri tari. Se ia de pe foc si se amesteca cu esenta de vanilie. Amestecați fructele într-o treime din glazură și folosiți-l pentru a umple tortul, apoi întindeți restul peste deasupra și părțile laterale ale tortului.

glazură albă

Suficient pentru a acoperi un tort de 9"/23 cm

225 g/8 oz/1 cană zahăr tos

1 albus de ou

30 ml/2 linguri apă

15 ml/1 lingură sirop de aur (porumb uşor)

Se amestecă zahărul, albuşurile şi apa într-un castron termorezistent peste o cratiţă cu apă fierbinte uşor. Continuaţi să bateţi până la 10 minute până când amestecul se îngroaşă şi formează vârfuri tari. Se ia de pe foc si se adauga siropul. Continuaţi să bateţi până obţineţi o consistenţă largă.

Glazur alb-crem

Suficient pentru a umple şi acoperi o prăjitură de 9"/23 cm

75 ml/5 linguri smântână (uşoară)

5 ml/1 lingurita esenta de vanilie (extract)

75 g/3 oz/1/3 cană cremă de brânză

2 linguri/10 ml unt sau margarina, moale

Putina sare

2 cesti/12 oz/350 g zahar pudra (cofetarie), cernut

Amesteca smantana, esenta de vanilie, crema de branza, untul sau margarina si sarea pentru a obtine o pasta omogena. Se amestecă treptat zahărul pudră până se omogenizează.

glazură albă pufoasă

Suficient pentru a umple și acoperi o prăjitură de 9"/23 cm

2 albusuri

350 g/12 oz/1½ cană de zahăr tos (super fin).

Un strop de crema de tartru

75 ml/5 linguri de apă rece

Putina sare

5 ml/1 lingurita esenta de vanilie (extract)

Bateți albușurile, zahărul, smântâna de tartru, apa și sarea într-un castron rezistent la căldură pus peste o cratiță cu apă fiartă ușor timp de aproximativ 5 minute până se formează vârfuri tari. Se ia de pe foc si se amesteca cu esenta de vanilie. Folosiți-l pentru a împături tortul, apoi întindeți restul peste partea de sus și pe părțile laterale ale tortului.

glazura cu zahar brun

Suficient pentru a acoperi un tort de 9"/23 cm

225 g/8 oz/1 cană zahăr brun dulce

1 albus de ou

30 ml/2 linguri apă

5 ml/1 lingurita esenta de vanilie (extract)

Se amestecă zahărul, albuşurile şi apa într-un castron termorezistent peste o cratiţă cu apă fierbinte uşor. Continuaţi să bateţi până la 10 minute până când amestecul se îngroaşă şi formează vârfuri tari. Se ia de pe foc si se adauga esenta de vanilie. Continuaţi să bateţi până obţineţi o consistenţă largă.

Glazură cu cremă de unt de vanilie

Suficient pentru a umple și acoperi o prăjitură de 9"/23 cm

1 albus de ou

75 g/3 oz/1/3 cană unt sau margarină, moale

30 ml/2 linguri lapte caldut

5 ml/1 lingurita esenta de vanilie (extract)

Putina sare

2 căni/12 oz/350 g zahăr pudră (de cofetarie), cernut

Amesteca albusurile, untul sau margarina, laptele fierbinte, esenta de vanilie si sarea. Se amestecă treptat zahărul pudră până se omogenizează.

crema de vanilie

Face 1 qt./2½ căni/600 ml

100 g/4 oz/½ cană zahăr pudră (super fin).

50 g/2 oz/¼ cană făină de porumb (amidon de porumb)

4 gălbenușuri de ou

600 ml/1 pct/2½ căni de lapte

1 pastaie de vanilie (pastaie)

Zahăr pudră, cernut, pentru stropire

Bateți jumătate din zahăr cu mălaiul și gălbenușurile de ou până se omogenizează bine. Se fierbe restul de zahar si lapte cu pastaia de vanilie. Bateți amestecul de zahăr în laptele fierbinte, apoi aduceți înapoi la fierbere, amestecând constant timp de 3 minute până se îngroașă. Se toarnă într-un castron, se presară cu zahăr pudră pentru a preveni formarea pielii și se lasă să se răcească. Bate din nou înainte de utilizare.

Umplutură cu cremă

Suficient pentru a umple un tort de 9"/23 cm

325 ml/11 oz/1 1/3 cani de lapte

45 ml/3 linguri faina de porumb (amidon de porumb)

60 g/2½ oz/1/3 cană zahăr pudră (super fin).

1 ou

15 ml/1 lingură unt sau margarină

5 ml/1 lingurita esenta de vanilie (extract)

Se amestecă 30 ml/2 linguri de lapte cu mălaiul, zahărul și ouăle. Aduceți laptele rămas chiar sub punctul de fierbere într-o cratiță mică. Se amestecă treptat laptele fierbinte în amestecul de ouă. Clătiți oala, apoi turnați amestecul în tigaie și amestecați la foc mic până se îngroașă. Adaugati unt sau margarina si esenta de vanilie. Acoperiți cu hârtie de copt (cerată) și lăsați să se răcească.

Umplutură de cremă daneză

Face 1¼ cană/750 ml

2 oua

50 g/2 oz/¼ cană zahăr tos (super fin).

50 g/2 oz/½ cană făină simplă (universal)

600 ml/1 pct/2½ căni de lapte

¼ pastaie de vanilie (pastaie)

Se amestecă ouăle şi zahărul până se îngroaşă. Adăugaţi puţin câte puţin făina. Se fierbe laptele si pastaia de vanilie. Scoateţi pastaia de vanilie şi amestecaţi laptele în amestecul de ouă. Reveniţi în oală şi fierbeţi timp de 2-3 minute, amestecând continuu. Se lasa sa se raceasca inainte de utilizare.

Umplutură bogată de cremă daneză

Face 1¼ cană/750 ml

4 gălbenușuri de ou

30 ml/2 linguri zahăr granulat

25 ml/1½ linguriță făină simplă (toate scopuri)

10 ml / 2 linguri de amidon de cartofi

450 ml/¾ pct/2 căni smântână groasă (ușoară)

Câteva picături de esență de vanilie (extract)

¼ pct/2/3 cană/150 ml smântână dublă (grea), bătută

Se amestecă într-o oală gălbenușurile, zahărul, făina și smântâna. Bateți la foc mediu până când amestecul începe să se îngroașe. Se adauga esenta de vanilie si se lasa la racit. Amestecați frișca.

cremă

Face 1¼ cană/½ pt/300 ml

2 oua, separate

45 ml/3 linguri faina de porumb (amidon de porumb)

300 ml/½ pt/1¼ cană lapte

Câteva picături de esență de vanilie (extract)

50 g/2 oz/¼ cană zahăr tos (super fin).

Combinați gălbenușurile de ou, făina de porumb și laptele într-o cratiță mică până se omogenizează bine. Se aduce la fierbere la foc mediu-mare și se fierbe timp de 2 minute, amestecând continuu. Se adauga esenta de vanilie si se lasa la racit.

Albusurile se bat spuma, apoi se adauga jumatate din zahar si se bat din nou pana se formeaza varfuri tari. Amestecați restul de zahăr. Bateți amestecul de smântână și puneți-l la frigider până este gata de utilizare.

Umplutura cu crema de ghimbir

Suficient pentru a umple un tort de 9"/23 cm

100 g/4 oz/½ cană unt sau margarină, înmuiată

450 g/1 lb/22/3 căni de zahăr pudră (de cofetarie), cernut

5 ml/1 linguriță ghimbir măcinat

30 ml/2 linguri lapte

75 g/3 oz/¼ cană sirop închis (melasă)

Bateți untul sau margarina cu zahărul și ghimbirul până devine ușor și cremos. Amestecați treptat laptele și siropul până când se omogenizează și se tartina. Dacă umplutura este prea subțire, mai adăugați puțin zahăr.

Garnitura de lamaie

Produce 8 fl oz/1 cană/250 ml

100 g/4 oz/½ cană zahăr pudră (super fin).

30 ml/2 linguri faina de porumb (amidon de porumb)

60 ml/4 linguri suc de lamaie

15 ml / 1 lingură coajă de lămâie rasă

120 ml/4 oz/½ cană apă

Putina sare

15 ml/1 lingură unt sau margarină

Combinați toate ingredientele, cu excepția untului sau margarinei, într-o cratiță mică, la foc mic, amestecând ușor până se combină bine. Se aduce la fierbere și se fierbe timp de 1 minut. Se amestecă untul sau margarina și se lasă să se răcească. Se răcește înainte de utilizare.

Glazura de ciocolata

Suficient pentru a îngheța o prăjitură de 10"/25 cm

2 oz/½ cană/50 g ciocolată simplă (semidulce), tocată

2 oz/¼ cană/50 g unt sau margarină

2,5 ml/½ linguriță esență de vanilie (extract)

75 ml/5 linguri de apă clocotită

2 cesti/12 oz/350 g zahar pudra (cofetarie), cernut

Amestecați toate ingredientele într-un blender sau robot de bucătărie până la omogenizare, apăsând ingredientele după cum este necesar. Utilizați imediat.

glazura de tort cu fructe

Suficient pentru a îngheța o prăjitură de 10"/25 cm

75 ml/5 linguri sirop de aur (porumb ușor)

60 ml/4 linguri suc de ananas sau portocale

Combinați siropul și sucul într-o cratiță mică și aduceți la fierbere. Luați de pe foc și ungeți amestecul peste partea superioară și pe părțile laterale ale unui tort răcit. Lasă-l să ia Se fierbe din nou glazura si se unge un al doilea strat peste prajitura.

Glazură de prăjitură cu fructe de portocale

Suficient pentru a îngheța o prăjitură de 10"/25 cm

50 g/2 oz/¼ cană zahăr tos (super fin).

30 ml/2 linguri suc de portocale

10 ml/2 lingurite coaja de portocala rasa

Se amestecă ingredientele într-o oală mică și se aduce la fierbere, amestecând continuu. Luați de pe foc și ungeți amestecul peste partea superioară și pe părțile laterale ale unui tort răcit. Lasă-l să ia Se fierbe din nou glazura si se unge un al doilea strat peste prajitura.

Patrate de bezea de migdale

face 12

225 g/8 oz aluat praf

60 ml/4 linguri gem de zmeura (la conserva)

2 albusuri

50 g/2 oz/½ cană migdale măcinate

100 g/4 oz/½ cană zahăr pudră (super fin).

Câteva picături de esență de migdale (extract)

25 g/1 oz/¼ cană fulgi de migdale

Întindeți aluatul (aluatul) și folosiți-l pentru a tapetați o tavă unsă de 12 x 8/30 x 20 cm. Se unge cu gem. Bate albusurile spuma pana devin tari si incorporeaza usor migdalele, zaharul si esenta de migdale. Întindeți gem și presărați cu migdale. Coaceți în cuptorul preîncălzit la 180°C/350°F/termostat 4 timp de 45 de minute până devine auriu și crocant. Se lasa la racit si apoi se taie in patrate.

picături de înger

face 24

2 oz/¼ cană/50 g unt sau margarină, înmuiată

50 g/2 oz/¼ cană muschie de porc (scurtă)

100 g/4 oz/½ cană zahăr pudră (super fin).

1 ou mic, batut

Câteva picături de esență de vanilie (extract)

175 g/6 oz/1½ cani de făină auto-crescătoare

45 ml/3 linguri de fulgi de ovaz

50 g/2 oz/¼ cană cireșe glazurate (confiate), tăiate la jumătate

Amestecați untul sau margarina, untura și zahărul până devine ușor și pufos. Adaugam oul si esenta de vanilie, apoi adaugam faina si amestecam pana obtinem o pasta tare. Rupeți în bile mici și rulați ovăzul. Se aseaza bine deoparte intr-o tava unsa si se acopera pe fiecare cu o cireasa. Coaceți în cuptorul preîncălzit la 180°C/350°F/termostat 4 timp de 20 de minute până se fixează. Se lasa la racit pe foaie.

Fulgi de migdale

face 12

100 g/4 oz/½ cană unt sau margarină

225 g/8 oz/2 căni de făină simplă (universal)

5 ml/1 lingura praf de copt

50 g/2 oz/¼ cană zahăr tos (super fin).

1 ou, separat

75 ml/5 linguri gem de zmeură (conservă)

2/3 cană/4 oz/100 g zahăr granulat (de cofetarie), cernut

100 g/4 oz/1 cană fulgi de migdale

Frecați untul sau margarina în făină și praful de copt până când amestecul seamănă cu pesmet. Se amestecă zahărul, apoi se amestecă gălbenușul de ou și se frământă într-un aluat tare. Se întinde pe o suprafață ușor făinată pentru a se potrivi într-o tavă unsă de 30 x 20 cm/12 x 8. Apăsați ușor în tavă și ridicați puțin marginile aluatului pentru a face o buză. Se unge cu gem. Bate albusurile spuma pana devin tari si incorporam treptat zaharul pudra. Întindeți gem și presărați cu migdale. Coaceți într-un cuptor preîncălzit la 160°C/325°F/termostat 3 timp de 1 oră până devin aurii și tocmai gata. Se lasa la racit in tava timp de 5 minute, apoi se taie in degete si se intoarce pe un gratar pentru a termina de racit.

Tartele Bakewell

face 24

Pentru patiserie:

25 g/1 oz/2 linguri untură (scurtă)

25 g/1 oz/2 linguri de unt sau margarină

100 g/4 oz/1 cană făină simplă (toate scopuri)

Putina sare

30 ml/2 linguri apă

45 ml/3 linguri gem de zmeura (la conserva)

Pentru umplutura:

2 oz/¼ cană/50 g unt sau margarină, înmuiată

50 g/2 oz/¼ cană zahăr tos (super fin).

1 ou, batut usor

25 g/1 oz/¼ cană făină auto-crescătoare (auto-crescătoare)

25 g/1 oz/¼ cană migdale măcinate

Câteva picături de esență de migdale (extract)

Pentru a face masa (pastă), frecați untura sau margarina în făină și sare până când amestecul seamănă cu pesmet. Amestecați suficientă apă pentru a obține un aluat neted. Se intinde subtire pe o suprafata usor infainata, se taie in cercuri de 3/7 cm si se tapeteaza jumatatile a doua tavi de paine (bancuri) unse. Umpleți cu dulceață.

Pentru a face umplutura se bate untul sau margarina si zaharul, apoi se adauga treptat oul. Adaugam faina, migdalele macinate si esenta de migdale. Se toarnă amestecul în prăjituri, sigilând marginile cu aluat astfel încât dulceața să fie complet acoperită. Coaceți în cuptorul preîncălzit la 180°C/350°F/termostat 4 timp de 20 de minute până devin aurii.

Biscuiți cu fluturi de ciocolată

Face aproximativ 12 fursecuri

Pentru cookie-uri:

100 g/4 oz/½ cană unt sau margarină, înmuiată

100 g/4 oz/½ cană zahăr pudră (super fin).

2 oua, batute usor

100 g/4 oz/1 cană făină auto-crescătoare

30 ml/2 linguri pudră de cacao (ciocolată neîndulcită).

Putina sare

30 ml/2 linguri lapte rece

Pentru glazura:

2 oz/¼ cană/50 g unt sau margarină, înmuiată

2/3 cană/4 oz/100 g zahăr granulat (de cofetarie), cernut

10 ml/2 linguri lapte caldut

Pentru a face fursecuri, cremă unt sau margarină și zahăr până devin palide și pufoase. Adăugați treptat ouăle, alternând cu făina, cacao și sarea, apoi adăugați laptele pentru a obține un amestec omogen. Se toarnă în hârtie de copt (hârtie pentru brioșe) sau forme unse (hârtie de friptură) și se coace în cuptorul preîncălzit la 190°/375°F/termostat 5 timp de 15-20 de minute până când sunt bine umflate și elastice la atingere. Lasa sa se raceasca. Tăiați vârful fursecurilor pe orizontală și apoi tăiați partea superioară în jumătate pe verticală pentru a face aripioare de fluture.

Pentru a face glazura, bateți untul sau margarina până la omogenizare, apoi adăugați jumătate din zahăr tos. Se bate laptele și apoi restul de zahăr. Împărțiți amestecul de glazură între prăjituri, apoi apăsați „aripioarele" pe partea de sus a prăjiturii în diagonală.

Fursecuri cu nucă de cocos

face 12

100 g/4 oz unt

2 oz/¼ cană/50 g unt sau margarină, înmuiată

50 g/2 oz/¼ cană zahăr tos (super fin).

1 ou, batut

25 g / 1 oz / 2 linguri făină de orez

50 g/2 oz/½ cană nucă de cocos deshidratată (mărunțită)

¼ linguriță/1,5 ml praf de copt

60 ml/4 linguri ciocolată tartinată

Întindeți aluatul (pastă) și folosiți-l pentru a căptuși părțile laterale ale unei forme de chiflă (forma de carne). Se amestecă untul sau margarina și zahărul, apoi se amestecă ouăle și făina de orez. Se amestecă nuca de cocos și praful de copt. Pune o lingură mică de ciocolată întinsă în partea de jos a fiecărei coji de tartă (coaja de tartă). Se toarnă amestecul de nucă de cocos deasupra și se coace într-un cuptor preîncălzit la 200°C/400°F/termostat 6 timp de 15 minute până când este fiert și devine auriu.

Brioşe dulci

face 15

100 g/4 oz/½ cană unt sau margarină, înmuiată

225 g/8 oz/1 cană zahăr pudră (super fin).

2 oua

5 ml/1 lingurita esenta de vanilie (extract)

175 g/6 oz/1½ cani de făină auto-crescătoare

5 ml/1 lingura praf de copt

Putina sare

75 ml/5 linguri lapte

Amestecaţi untul sau margarina şi zahărul până devin uşoare şi pufoase. Se adauga putin cate putin ouale si esenta de vanilie, batand bine dupa fiecare adaugare. Adaugam faina, praful de copt si sarea alternativ cu laptele, batem bine. Se toarnă amestecul în forme de hârtie (hârtie de cupcake) şi se coace în cuptorul preîncălzit la 190°C/375°F/termostat 5 timp de 20 de minute până când o scobitoare introdusă în centru iese curată.

boabe de cafea

face 12

Pentru cookie-uri:

100 g/4 oz/½ cană unt sau margarină, înmuiată

100 g/4 oz/½ cană zahăr pudră (super fin).

2 oua, batute usor

100 g/4 oz/1 cană făină auto-crescătoare

10 ml/2 lingurițe esență de cafea (extract)

Pentru glazura:

2 oz/¼ cană/50 g unt sau margarină, înmuiată

2/3 cană/4 oz/100 g zahăr granulat (de cofetarie), cernut

Câteva picături de esență de cafea (extract)

100 g/4 oz/1 cană chipsuri de ciocolată

Pentru a face fursecuri, cremă unt sau margarină și zahăr până devin ușoare și pufoase. Adaugam ouale putin cate putin si apoi adaugam faina si esenta de cafea. Se toarnă amestecul în forme de hârtie (hârtie de cupcake) pe o foaie de copt (hârtie de friptură) și se coace în cuptorul preîncălzit la 180°C/350°F/termostat 4 timp de 20 de minute până când este bine umflat și elastic la atingere. Lasa sa se raceasca.

Pentru a face glazura, bateți untul sau margarina până la omogenizare, apoi amestecați zahărul pudră și esența de cafea. Se intinde peste prajituri si se decoreaza cu bucatele de ciocolata.

Eccles Cookies

face 16

2 oz/¼ cană/50 g unt sau margarină

50 g/2 oz/¼ cană zahăr brun dulce

225 g/8 oz/11/3 cesti coacaze

450g/1lb aluat foietaj sau foietaj

Puțin lapte

45 ml/3 linguri zahăr tos (super fin).

Topiți untul sau margarina și zahărul brun la foc mic, amestecați bine. Se ia de pe foc si se amesteca coacazele. Se lasa putin sa se raceasca. Întindeți aluatul (pastele) pe o suprafață tapetă cu făină și tăiați în 16 cercuri. Împărțiți amestecul de umplutură între cercuri, apoi îndoiți marginile spre centru, ungeți cu apă pentru a sigila marginile. Întoarceți fursecurile și rulați-le ușor cu un sucitor pentru a le aplatiza ușor. Deasupra fiecaruia se fac trei fante, se unge cu lapte si se presara zahar. Se pune pe o tavă de copt unsă și se coace în cuptorul preîncălzit la 200°C/400°F/termostat 6 timp de 20 de minute până devin aurii.

Biscuiți cu zâne

Va fi pe la 12

100 g/4 oz/½ cană unt sau margarină, înmuiată

100 g/4 oz/½ cană zahăr pudră (super fin).

2 oua, batute usor

100 g/4 oz/1 cană făină auto-crescătoare

Putina sare

30 ml/2 lingurite lapte

Câteva picături de esență de vanilie (extract)

Amestecați untul sau margarina și zahărul până când devine palid și pufos. Adaugam ouale putin cate putin, alternand cu faina si sarea, apoi adaugam laptele si esenta de vanilie pentru a obtine un amestec omogen. Se toarnă în forme de prăjitură unse (forma pentru cupcake) sau forme de pâine (clatite) și se coace în cuptorul preîncălzit la 190°C/375°F/termostat 5 timp de 15-20 minute până când sunt bine umflate și elastice la atingere.

Prajituri de zana glazurate cu pene

face 12

2 oz/¼ cană/50 g unt sau margarină, înmuiată

50 g/2 oz/¼ cană zahăr tos (super fin).

1 ou

50 g/2 oz/½ cană făină auto-crescătoare (auto-crescătoare)

100 g/4 oz/2/3 cană zahăr tos (cofetarii).

15 ml/1 lingură de apă caldă

Câteva picături de colorant alimentar

Amestecați untul sau margarina și zahărul până când devine palid și pufos. Adaugam oul putin cate putin si apoi adaugam faina. Împărțiți amestecul în 12 tavi de hârtie (hartie de cupcake) (hartie de friptură). Coaceți în cuptorul preîncălzit la 160°C/325°F/termostat 3 timp de 15-20 de minute până când devine primăvară. Lasa sa se raceasca.

Se amestecă zahărul pudră și apa călduță. Colorează o treime din glazură cu colorantul alimentar la alegere. Întindeți glazura albă peste prăjituri. Aplicați glazura colorată în linii pe tort, apoi trageți vârful unui cuțit perpendicular pe linii, mai întâi într-un sens și apoi în celălalt, pentru a crea un model ondulat. Lasă-l să ia

fantezii genoveze

face 12

3 oua, batute usor

75 g/3 oz/1/3 cană zahăr pudră (super fin).

75 g/3 oz/¾ cană făină auto-crescătoare (auto-crescătoare)

Câteva picături de esență de vanilie (extract)

25 g/1 oz/2 linguri de unt sau margarină, topit și răcit

60 ml/4 linguri gem de caise (conservă), cernută (filtrată)

60 ml/4 linguri apă

8 oz/11/3 căni de zahăr glazurat (cofetarie), cernut

Câteva picături de colorant alimentar roz și albastru (opțional)

Decorat tort

Puneți ouăle și zaharul tos într-un castron termorezistent peste o tigaie cu apă puțin fierbinte. Bateți până când amestecul iese din bătător în panglici. Se amestecă făina și esența de vanilie, apoi se amestecă untul sau margarina. Turnați amestecul într-o tavă unsă de 30 x 20 cm/12 x 8 și coaceți în cuptorul preîncălzit la 190°C/375°F/termostat 5 timp de 30 de minute. Se lasa la racit si apoi se taie in forme. Se încălzește dulceața cu 30 ml/2 linguri de apă și se vopsesc prăjiturile.

Cerneți zahărul pudră într-un bol. Daca vreti sa faceti inghetata in diferite culori, impartiti-o in boluri separate si faceti o fantana in centrul fiecaruia. Adăugați treptat câteva picături de culoare și suficientă apă rămasă pentru a se amesteca într-o glazură destul de tare. Se intinde peste prajituri si se decoreaza dupa preferinta.

Macaroane cu migdale

face 16

hartie de orez

100 g/4 oz/½ cană zahăr pudră (super fin).

50 g/2 oz/½ cană migdale măcinate

5 ml/1 linguriță orez măcinat

Câteva picături de esență de migdale (extract)

1 albus de ou

8 migdale albite, tăiate la jumătate

Tapetați o tavă de copt (tort) cu hârtie de orez. Amestecă toate ingredientele, cu excepția migdalelor albite, într-o pastă fermă și bate bine. Puneți linguri de amestec în tigaie și acoperiți fiecare cu o jumătate de migdale. Coaceți în cuptorul preîncălzit la 150°C/325°F/termostat 3 timp de 25 de minute. Se lasa sa se raceasca pe foaie, apoi se taie sau se rupe in jurul fiecaruia pentru a o elibera de pe foaia de hartie de orez.

Macaroon cu nucă de cocos

face 16

2 albusuri

150 g/5 oz/2/3 cană zahăr tos (super fin).

150 g/5 oz/1¼ cană nucă de cocos deshidratată (mărunțită)

hartie de orez

8 cireșe glazurate (confiate), tăiate în jumătate

Bate albusurile energic. Bateți zahărul până când amestecul formează vârfuri tari. Întoarceți nuca de cocos. Puneți hârtie de orez pe o tavă și aruncați linguri de amestec pe foaie. Puneți câte o jumătate de cireșe pe fiecare. Coaceți în cuptorul preîncălzit la 160°C/325°F/termostat 3 timp de 30 de minute până se fixează. Lasati sa se raceasca pe hartia de orez, apoi taiati sau rupeti in jurul fiecaruia pentru a o separa de hartia de orez.

Macaroane cu lime

face 12

100 g/4 oz unt

60 ml/4 linguri marmeladă de lime

2 albusuri

50 g/2 oz/¼ cană zahăr tos (super fin).

25 g/1 oz/¼ cană migdale măcinate

10 ml/2 lingurițe de orez măcinat

5 ml/1 linguriță apă de floare de portocal

Întindeți aluatul (pastă) și folosiți-l pentru a căptuși părțile laterale ale unei forme de chiflă (forma de carne). Pune o lingură mică de dulceață în fiecare coajă de tartă (coaja de tartă). Bate albusurile energic. Se amestecă zahărul până se întărește și devine lucios. Se amestecă migdalele, orezul și sucul de portocale. Se toarnă în forme, acoperind complet jeleul. Coaceți în cuptorul preîncălzit la 180°C/350°F/termostat 4 timp de 30 de minute până devin aurii.

Macaroane cu fulgi de ovăz

face 24

175 g/6 oz/1½ cană de ovăz

175 g/6 oz/¾ cană zahăr tos

120 ml/4 oz/½ cană ulei

1 ou

2,5 ml/½ linguriță sare

2,5 ml/½ linguriță esență de migdale (extract)

Se amestecă ovăzul, zahărul şi uleiul şi se lasă să se odihnească timp de 1 oră. Bateți oul, sarea şi esența de migdale. Puneți linguri de amestec într-o tavă unsă cu uns şi coaceți în cuptorul preîncălzit la 160°C/325°F/termostat 3 timp de 20 de minute până devin aurii.

Madeleine

face 9

100 g/4 oz/½ cană unt sau margarină, înmuiată

100 g/4 oz/½ cană zahăr pudră (super fin).

2 oua, batute usor

100 g/4 oz/1 cană făină auto-crescătoare

175 g/6 oz/½ cană gem de căpșuni sau zmeură (conservă)

60 ml/4 linguri apă

50 g/2 oz/½ cană nucă de cocos deshidratată (mărunțită)

5 cireșe glazurate (confiate), tăiate în jumătate

Cremă ușor untul sau margarina, apoi amestecați zahărul până devine ușor și pufos. Adaugam ouale putin cate putin si apoi adaugam faina. Se toarnă în nouă forme de dariole unse cu unt și se pune într-o tavă. Coaceți în cuptorul preîncălzit la 190°C/375°F/termostat 5 timp de 20 de minute până când sunt bine umflați și aurii. Se lasă să se răcească în tigăi timp de 5 minute, apoi se răstoarnă pe un grătar pentru a termina de răcit.

Se netezește partea de sus a fiecărei prăjituri până la omogenizare. Strecurati (strecurati) jeleul si aduceti la fiert cu apa intr-o cratita mica, amestecand pana se omogenizeaza bine. Întindeți nuca de cocos pe o foaie mare de hârtie de pergament (cerată). Asezati o frigaruie in fundul primului tort, ungeti cu glazura jeleu, apoi rulati in nuca de cocos pana se acoperă. Se pune pe o farfurie de servire. Repetați cu cookie-urile rămase. Se decorează cu cireșe glazurate în jumătate.

Clatite martipan

Va fi pe la 12

450 g/1 lb/4 cesti migdale macinate

2/3 cană/4 oz/100 g zahăr granulat (de cofetarie), cernut

100 g/4 oz/½ cană zahăr pudră (super fin).

30 ml/2 linguri apă

3 albusuri

Pentru glazura:

2/3 cană/4 oz/100 g zahăr granulat (de cofetarie), cernut

1 albus de ou

2,5 ml/½ linguriță oțet

Amestecați toate ingredientele pentru tort într-o cratiță și încălziți ușor, amestecând, până când aluatul a absorbit tot lichidul. Se ia de pe foc si se lasa sa se raceasca. Se intinde pe o suprafata usor infainata la 1/2 cm grosime si se taie fasii de 1½/3 cm. Tăiați în 5 cm/2 lungimi, puneți pe o foaie de copt unsă și coaceți în cuptorul preîncălzit la 150°C/300°F/termostat 2 timp de 20 de minute până când blatul devine ușor auriu. Lasa sa se raceasca.

Pentru a face inghetata, bateti treptat albusurile si otetul pana la zaharul pudra pana obtineti o inghetata moale si groasa. Turnați glazura peste prăjituri.

briose

face 12

225 g/8 oz/2 căni de făină simplă (universal)

100 g/4 oz/½ cană zahăr pudră (super fin).

10 ml / 2 linguri de praf de copt

2,5 ml/½ linguriță sare

1 ou, batut usor

250 ml/8 oz/1 cană lapte

120 ml/4 oz/½ cană ulei

Se amestecă făina, zahărul, praful de copt și sarea și se face un godeu în mijloc. Combinați restul ingredientelor și amestecați cu ingredientele uscate până se combină. Nu amestecați în exces. Se toarnă în forme de brioșe (hârtie) sau în forme de brioșe unse cu unt și se coace în cuptorul preîncălzit la 200°C/400°F/termostat 6 timp de 20 de minute, până când sunt bine umflate și elastice la atingere.

Briose cu mere

face 12

225 g/8 oz/2 căni de făină simplă (universal)

100 g/4 oz/½ cană zahăr pudră (super fin).

10 ml / 2 linguri de praf de copt

2,5 ml/½ linguriță sare

1 ou, batut usor

250 ml/8 oz/1 cană lapte

120 ml/4 oz/½ cană ulei

2 mere de mâncare (desert), decojite, dezlipite și mărunțite

Se amestecă făina, zahărul, praful de copt și sarea și se face un godeu în mijloc. Combinați restul ingredientelor și amestecați cu ingredientele uscate până se combină. Nu amestecați în exces. Se toarnă în forme de brioșe (hârtie) sau în forme de brioșe unse cu unt și se coace în cuptorul prcîncălzit la 200°C/400°F/termostat 6 timp de 20 de minute, până când sunt bine umflate și elastice la atingere.

Briose cu banane

face 12

225 g/8 oz/2 căni de făină simplă (universal)

100 g/4 oz/½ cană zahăr pudră (super fin).

10 ml / 2 linguri de praf de copt

2,5 ml/½ linguriță sare

1 ou, batut usor

250 ml/8 oz/1 cană lapte

120 ml/4 oz/½ cană ulei

2 banane, piure

Se amestecă făina, zahărul, praful de copt și sarea și se face un godeu în mijloc. Combinați restul ingredientelor și amestecați cu ingredientele uscate până se combină. Nu amestecați în exces. Se toarnă în forme de brioșe (hârtie) sau în forme de brioșe unse cu unt și se coace în cuptorul preîncălzit la 200°C/400°F/termostat 6 timp de 20 de minute, până când sunt bine umflate și elastice la atingere.

Brioşe cu coacăze negre

face 12

225 g/8 oz/2 căni de făină auto-crescătoare (auto-crescătoare)

75 g/3 oz/1/3 cană zahăr pudră (super fin).

2 albusuri

75 g/3 oz coacăze negre

7 fl oz/lite 200 ml 1 cană lapte

30 ml/2 linguri ulei

Se amestecă făina şi zahărul. Bate usor albusurile spuma si amesteca-le cu ingredientele uscate. Adăugaţi coacăzele negre, laptele şi uleiul. Se toarnă în forme de brioşe unse cu unt şi se coace în cuptorul preîncălzit la 200°C/400°F/termostat 6 timp de 15-20 minute până devin aurii.

Briose americane cu afine

face 12

150 g/5 oz/1¼ cană făină simplă (toate scopuri)

75 g/3 oz/¾ cană făină de porumb

75 g/3 oz/1/3 cană zahăr pudră (super fin).

10 ml / 2 linguri de praf de copt

Putina sare

1 ou, batut usor

75 g/3 oz/1/3 cană unt sau margarină, topit

250 ml/8 oz/1 cană zară

100 g/4 oz afine

Se amestecă făina, mălaiul, zahărul, praful de copt și sarea și se face un godeu în mijloc. Adăugați oul, untul sau margarina și zara și amestecați până se omogenizează. Se amestecă afinele sau murele. Se toarnă în forme de brioșe (hârtie) și se coace în cuptorul preîncălzit la 200°C/400°F/termostat 6 timp de 20 de minute până când devin maro auriu și elastic la atingere.

Brioşe cu cireşe

face 12

225 g/8 oz/2 căni de făină simplă (universal)

100 g/4 oz/½ cană zahăr pudră (super fin).

100 g/4 oz/½ cană cireşe glazurate (confiate).

10 ml / 2 linguri de praf de copt

2,5 ml/½ linguriță sare

1 ou, batut usor

250 ml/8 oz/1 cană lapte

120 ml/4 oz/½ cană ulei

Se amestecă făina, zahărul, cireşele, praful de copt şi sarea şi se face un godeu în mijloc. Combinați restul ingredientelor şi amestecați cu ingredientele uscate până se combină. Nu amestecați în exces. Se toarnă în forme de brioşe (hârtie) sau în forme de brioşe unse cu unt şi se coace în cuptorul preîncălzit la 200°C/400°F/termostat 6 timp de 20 de minute, până când sunt bine umflate şi elastice la atingere.

brioșe de ciocolată

Faceți 10-12

175 g/6 oz/1½ cană făină simplă (universal)

40 g/1½ oz/1/3 cană pudră de cacao (ciocolată neîndulcită)

100 g/4 oz/½ cană zahăr pudră (super fin).

10 ml / 2 linguri de praf de copt

2,5 ml/½ linguriță sare

1 ou mare

250 ml/8 oz/1 cană lapte

2,5 ml/½ linguriță esență de vanilie (extract)

120 ml/4 fl oz/½ cană ulei de floarea soarelui sau ulei vegetal

Se amestecă ingredientele uscate și se face un godeu în mijloc. Amesteca bine oul, laptele, esenta de vanilie si uleiul. Se amestecă rapid lichidul în ingredientele uscate până când toate sunt încorporate. Nu amestecați în exces; amestecul trebuie să fie cocoloși. Se toarnă în forme pentru brioșe (hârtie) sau în forme (formă) și se coace în cuptorul preîncălzit la 200°C/400°F/termostat 6 pentru aproximativ 20 de minute până când sunt bine umflate și elastice la atingere.

Brioșe de ciocolată

face 12

175 g/6 oz/1½ cană făină simplă (universal)

100 g/4 oz/½ cană zahăr pudră (super fin).

45 ml/3 linguri pudră de cacao (ciocolată neîndulcită).

100 g/4 oz/1 cană chipsuri de ciocolată

10 ml / 2 linguri de praf de copt

2,5 ml/½ linguriță sare

1 ou, batut usor

250 ml/8 oz/1 cană lapte

120 ml/4 oz/½ cană ulei

2,5 ml/½ linguriță esență de vanilie (extract)

Se amestecă făina, zahărul, cacao, fulgii de ciocolată, praful de copt și sarea și se face un godeu în mijloc. Combinați restul ingredientelor și amestecați cu ingredientele uscate până se combină. Nu amestecați în exces. Se toarnă în forme de brioșe (hârtie) sau în forme de brioșe unse cu unt și se coace în cuptorul preîncălzit la 200°C/400°F/termostat 6 timp de 20 de minute, până când sunt bine umflate și elastice la atingere.

brioșă cu scorțișoară

face 12

225 g/8 oz/2 căni de făină simplă (universal)

100 g/4 oz/½ cană zahăr pudră (super fin).

10 ml / 2 linguri de praf de copt

5 ml/1 lingurita scortisoara macinata

2,5 ml/½ linguriță sare

1 ou, batut usor

250 ml/8 oz/1 cană lapte

120 ml/4 oz/½ cană ulei

Se amestecă făina, zahărul, praful de copt, scorțișoara și sarea și se face un godeu în mijloc. Combinați restul ingredientelor și amestecați cu ingredientele uscate până se combină. Nu amestecați în exces. Se toarnă în forme de brioșe (hârtie) sau în forme de brioșe unse cu unt și se coace în cuptorul preîncălzit la 200°C/400°F/termostat 6 timp de 20 de minute, până când sunt bine umflate și elastice la atingere.

Brioșe cu făină de porumb

face 12

50 g/2 oz/½ cană făină simplă (universal)

100 g/4 oz/1 cană făină de porumb

5 ml/1 lingura praf de copt

1 ou, separat

1 galbenus de ou

30 ml/2 linguri ulei de porumb

30 ml/2 linguri lapte

Combinați făina, mălaiul și praful de copt. Se amestecă gălbenușurile, uleiul și laptele, apoi se amestecă cu ingredientele uscate. Bate albusurile spuma pana se intareste si adauga-le in amestec. Se toarnă în forme de brioșe (hârtie) sau în forme de brioșe unse cu unt și se coace în cuptorul preîncălzit la 200°C/400°F/termostat 6 pentru aproximativ 20 de minute până devin aurii.

Briose cu smochine întregi

face 10

100 g/4 oz/1 cană făină integrală (grâu).

5 ml/1 lingura praf de copt

50 g/2 oz/½ cană de ovăz rulat

1/3 cană/2 oz/50 g smochine uscate tocate

45 ml/3 linguri ulei

75 ml/5 linguri lapte

15 ml/1 lingură sirop închis (melasă)

1 ou, batut usor

Se amestecă făina, praful de copt și fulgii de ovăz apoi se adaugă smochinele. Se încălzește uleiul, laptele și siropul până se omogenizează, apoi se amestecă ingredientele uscate cu oul și se amestecă până se formează un aluat tare. Se toarnă amestecul în forme de brioșe (hârtie) sau în forme de brioșe unse cu unt și se coace în cuptorul preîncălzit la 190°C/375°F/termostat 5 pentru aproximativ 20 de minute până devin aurii.

Brioșe cu fructe și tărâțe

face 8

100 g/4 oz/1 cană de cereale All Bran

50 g/2 oz/½ cană făină simplă (universal)

2,5 ml/½ linguriță praf de copt

5 ml/1 linguriță bicarbonat de sodiu (praf de copt)

5 ml/1 linguriță condiment măcinat (plăcintă cu mere)

50 g/2 oz/1/3 cană stafide

100 g/4 oz/1 cană sos de mere (sos)

5 ml/1 lingurita esenta de vanilie (extract)

30 ml/2 linguri lapte

Se amestecă ingredientele uscate și se face un godeu în mijloc. Amestecați stafidele, sosul de mere și extractul de vanilie și suficient lapte pentru a obține un amestec omogen. Se toarnă în forme de brioșe (hârtie) sau în forme de brioșe unse cu unt și se coace în cuptorul preîncălzit la 200°C/400°F/termostat 6 timp de 20 de minute, până când sunt bine umflate și aurii.

Briose cu ovăz

face 20

100 g/4 oz/1 cană de ovăz rulat

100 g/4 oz/1 cană făină de ovăz

225 g/8 oz/2 căni de făină de grâu integral (grâu integral).

10 ml / 2 linguri de praf de copt

50 g/2 oz/1/3 cană stafide (opțional)

375 ml/13 oz/1½ cană lapte

10 ml / 2 linguri de ulei

2 albusuri

Combinați ovăzul, făina și praful de copt și amestecați cu stafidele dacă folosiți. Amestecați laptele și uleiul. Bateți albușurile spumă până se întăresc, apoi amestecați-le în amestec. Se toarnă în forme de brioșe (hârtie) sau în forme de brioșe unse cu unt și se coace în cuptorul preîncălzit la 190°C/375°F/termostat 5 pentru aproximativ 25 de minute până devin aurii.

Brioșe cu fulgi de ovăz și fructe

face 10

100 g/4 oz/1 cană făină integrală (grâu).

100 g/4 oz/1 cană de ovăz rulat

15 ml/1 lingura de praf de copt

100 g/4 oz/2/3 cană stafide (stafide aurii)

50 g/2 oz/½ cană nuci amestecate tocate

1 mar (desert), curatat de coaja, fara miez si ras

45 ml/3 linguri ulei

30 ml/2 linguri miere limpede

15 ml/1 lingură sirop închis (melasă)

1 ou, batut usor

90 ml/6 linguri lapte

Se amestecă făina, ovăzul și praful de copt. Se amestecă stafidele, nucile și mărul. Încingeți uleiul, mierea și siropul până se topesc, apoi amestecați amestecul împreună cu oul și suficient lapte pentru a obține o consistență netedă. Se toarnă în forme de brioșe (hârtie) sau în forme de brioșe unse cu unt și se coace în cuptorul preîncălzit la 190°C/375°F/termostat 5 pentru aproximativ 25 de minute până devin aurii.

Briose cu portocale

face 12

100 g/4 oz/1 cană făină auto-crescătoare

100 g/4 oz/½ cană zahăr brun dulce

1 ou, batut usor

120 ml/4 oz/½ cană suc de portocale

60 ml/4 linguri ulei

2,5 ml/½ linguriță esență de vanilie (extract)

25 g/1 oz/2 linguri de unt sau margarină

30 ml/2 linguri făină simplă (toate scopuri)

2,5 ml/½ linguriță de scorțișoară măcinată

Amestecați făina auto-crescătoare și jumătate din zahăr într-un bol. Se amestecă oul, sucul de portocale, uleiul și esența de vanilie, apoi se amestecă ingredientele uscate până se omogenizează. Nu amestecați în exces. Se toarnă în forme pentru brioșe (hârtie) sau în forme pentru brioșe (formă) și se coace în cuptorul preîncălzit la 200°C/400°F/termostat 6 timp de 10 minute.

Între timp, frecați untul sau margarina pentru umplutură în făina simplă, apoi amestecați zahărul rămas și scorțișoara. Se presară peste brioșe și se dau înapoi la cuptor pentru încă 5 minute până se rumenesc.

Briose cu piersici

face 12

225 g/8 oz/2 căni de făină simplă (universal)

100 g/4 oz/½ cană zahăr pudră (super fin).

10 ml / 2 linguri de praf de copt

2,5 ml/½ linguriță sare

1 ou, batut usor

175 ml/6 fl oz/¾ cană lapte

120 ml/4 oz/½ cană ulei

1 cutie mică/7oz/200g piersici, scurse și tocate

Se amestecă făina, zahărul, praful de copt și sarea și se face un godeu în mijloc. Combinați restul ingredientelor și amestecați cu ingredientele uscate până se combină. Nu amestecați în exces. Se toarnă în forme de brioșe (hârtie) sau în forme de brioșe unse cu unt și se coace în cuptorul preîncălzit la 200°C/400°F/termostat 6 timp de 20 de minute, până când sunt bine umflate și elastice la atingere.

Brioşe cu unt de arahide

face 12

225 g/8 oz/2 căni de făină simplă (universal)

100 g/4 oz/½ cană zahăr brun dulce

10 ml / 2 linguri de praf de copt

2,5 ml/½ linguriță sare

1 ou, batut usor

250 ml/8 oz/1 cană lapte

120 ml/4 oz/½ cană ulei

45 ml/3 linguri unt de arahide

Se amestecă făina, zahărul, praful de copt şi sarea şi se face un godeu în mijloc. Combinați restul ingredientelor şi amestecați cu ingredientele uscate până se combină. Nu amestecați în exces. Se toarnă în forme de brioşe (hârtie) sau în forme de brioşe unse cu unt şi se coace în cuptorul preîncălzit la 200°C/400°F/termostat 6 timp de 20 de minute, până când sunt bine umflate şi elastice la atingere.

Briose cu ananas

face 12

225 g/8 oz/2 căni de făină simplă (universal)

100 g/4 oz/½ cană zahăr brun dulce

10 ml / 2 linguri de praf de copt

2,5 ml/½ linguriță sare

1 ou, batut usor

175 ml/6 fl oz/¾ cană lapte

120 ml/4 oz/½ cană ulei

200 g/7 oz/1 cutie mică de ananas, scurs și tocat

30 ml/2 linguri zahăr demerara

Combinați făina, zahărul brun, praful de copt și sarea și faceți un godeu în mijloc. Combinați toate ingredientele rămase, cu excepția zahărului demerara și amestecați ingredientele uscate până se combină. Nu amestecați în exces. Se toarnă în căni pentru brioșe (hârtie) sau în căni pentru brioșe unse cu unt și se stropește cu zahăr demerara. Coaceți în cuptorul preîncălzit la 200°C/400°F/termostat 6 timp de 20 de minute până când este bine umflat și elastic la atingere.

Briose cu zmeură

face 12

225 g/8 oz/2 căni de făină simplă (universal)

100 g/4 oz/½ cană zahăr pudră (super fin).

10 ml / 2 linguri de praf de copt

2,5 ml/½ linguriță sare

200 g de zmeură

1 ou, batut usor

250 ml/8 oz/1 cană lapte

120 ml/4 oz fl/½ cană ulei vegetal

Se amestecă făina, zahărul, praful de copt și sarea. Se amestecă zmeura și se face un godeu în mijloc. Se amestecă ouăle, laptele și uleiul și se toarnă peste ingredientele uscate. Se amestecă ușor până când toate ingredientele uscate sunt combinate, dar amestecul este încă sfărâmicios. Nu exagera. Se toarnă amestecul în forme de brioșe (hârtie) sau în forme de brioșe unse cu unt și se coace în cuptorul preîncălzit la 200°C/400°F/termostat 6 timp de 20 de minute până când sunt bine umflate și elastice la atingere.

Brioşe cu lămâie şi zmeură

face 12

175 g/6 oz/1½ cană făină simplă (universal)

50 g/2 oz/¼ cană zahăr tos

50 g/2 oz/¼ cană zahăr brun dulce

10 ml / 2 linguri de praf de copt

5 ml/1 lingurita scortisoara macinata

Putina sare

1 ou, batut usor

100 g/4 oz/½ cană unt sau margarină, topit

120 ml/½ cană lapte

100 g/4 oz zmeură proaspătă

10 ml/2 lingurite coaja de lamaie rasa

Pentru a ornat:
75 g/3 oz/½ cană de zahăr pudră (de cofetarie), cernut

15 ml/1 lingură suc de lămâie

Amestecam intr-un castron faina, zaharul pudra, zaharul brun, praful de copt, scortisoara si sarea si facem un godeu in mijloc. Adăugaţi oul, untul sau margarina şi laptele şi amestecaţi până când ingredientele sunt combinate. Se amestecă zmeura şi coaja de lămâie. Se toarnă în forme de brioşe (hârtie) sau în forme de brioşe unse cu grăsime şi se coace în cuptorul preîncălzit la 180°C/350°F/termostat 4 timp de 20 de minute până când devin maro auriu şi elastic la atingere. Combinaţi zahărul pudră şi sucul de lămâie pentru a se acoperi şi presăraţi peste brioşele fierbinţi.

Briose Sultana

face 12

225 g/8 oz/2 căni de făină simplă (universal)

100 g/4 oz/½ cană zahăr pudră (super fin).

100 g/4 oz/2/3 cană stafide (stafide aurii)

10 ml / 2 linguri de praf de copt

5 ml/1 linguriță condiment măcinat (plăcintă cu mere)

2,5 ml/½ linguriță sare

1 ou, batut usor

250 ml/8 oz/1 cană lapte

120 ml/4 oz/½ cană ulei

Combinați făina, zahărul, stafidele, praful de copt, amestecul de condimente și sarea și faceți un godeu în mijloc. Se amestecă restul ingredientelor până se combină. Se toarnă în forme de brioșe (hârtie) sau în forme de brioșe unse cu unt și se coace în cuptorul preîncălzit la 200°C/400°F/termostat 6 timp de 20 de minute, până când sunt bine umflate și elastice la atingere.

Briose în sirop

face 12

225 g/8 oz/2 căni de făină simplă (universal)

100 g/4 oz/½ cană zahăr brun dulce

10 ml / 2 linguri de praf de copt

2,5 ml/½ linguriță sare

1 ou, batut usor

175 ml/6 fl oz/¾ cană lapte

60 ml/4 linguri sirop inchis (melasa)

120 ml/4 oz/½ cană ulei

Se amestecă făina, zahărul, praful de copt și sarea și se face un godeu în mijloc. Se amestecă restul ingredientelor până se combină. Nu amestecați în exces. Se toarnă în forme de brioșe (hârtie) sau în forme de brioșe unse cu unt și se coace în cuptorul preîncălzit la 200°C/400°F/termostat 6 timp de 20 de minute, până când sunt bine umflate și elastice la atingere.

Brioșe cu sirop de fulgi de ovăz

face 10

100 g/4 oz/1 cană făină simplă (toate scopuri)

175 g/6 oz/1½ cană de ovăz

100 g/4 oz/½ cană zahăr brun dulce

15 ml/1 lingura de praf de copt

5 ml/1 lingurita scortisoara macinata

2,5 ml/½ linguriță sare

1 ou, batut usor

120 ml/½ cană lapte

60 ml/4 linguri sirop inchis (melasa)

75 ml/5 linguri ulei

Se amestecă făina, ovăzul, zahărul, praful de copt, scorțișoara și sarea și se face un godeu în mijloc. Se amestecă ingredientele rămase, apoi se amestecă ingredientele uscate până se combină. Nu amestecați în exces. Se toarnă în forme de brioșe (hârtie) sau în forme de brioșe unse cu unt și se coace în cuptorul preîncălzit la 200°C/400°F/termostat 6 timp de 15 minute până când sunt bine umflate și elastice la atingere.

Pâine prăjită cu fulgi de ovăz

face 8

225 g/8 oz/2 căni de ovăz

100 g/4 oz/1 cană făină integrală (grâu).

5 ml/1 lingura sare

5 ml/1 lingura praf de copt

50 g/2 oz/¼ cană muschie de porc (scurtă)

30 ml/2 linguri de apă rece

Amestecați ingredientele uscate împreună, apoi frecați carnea de porc în amestec până când seamănă cu pesmet. Amestecă suficientă apă pentru a face un aluat tare. Se intinde pe o suprafata usor infainata intr-un cerc de 7/18 cm si se taie in opt felii. Se pune intr-o tava unsa cu unt si se coace in cuptorul preincalzit la 180°C/350°F/termostat 4 timp de 25 de minute. Serviți cu unt, marmeladă sau marmeladă.

Omletă cu căpșuni și ciuperci

face 18

5 gălbenușuri de ou

75 g/3 oz/1/3 cană zahăr pudră (super fin).

Putina sare

Coaja rasă de o jumătate de lămâie

4 albusuri

40 g/1½ oz/1/3 cană făină de porumb (amidon de porumb)

1½ oz/40 g/1/3 cană făină simplă (universal)

40 g/1½ oz/3 linguri de unt sau margarină, topit

300 ml/½ pt/1¼ cană smântână pentru frișcă

225g/8oz căpșuni

Zahăr pudră, cernut, pentru stropire

Se bat gălbenușurile cu 25 g zahăr tos până când sunt palide și dense, apoi se amestecă cu sarea și coaja de lămâie. Bate albușurile spumă, apoi adaugă restul de zahăr pudră și continuă să bată până se întărește și devine lucios. Se amestecă gălbenușurile și apoi se amestecă făina și făina. Se amestecă untul topit sau margarina. Transferați amestecul într-o pungă prevăzută cu un vârf simplu de ½"/1 cm (vârf) și transformați în cercuri de 6/15 cm într-o tavă unsă și tapetată (tort). Coaceți într-un cuptor preîncălzit la 220°C/425°F/termostat 7 timp de 10 minute până când devine maro auriu, dar nu maro auriu. Lasa sa se raceasca.

Bateți smântâna până se întărește. Intindeti un strat subtire peste jumatate din fiecare cerc, aranjati capsunile deasupra si terminati cu mai multa crema. Îndoiți jumătatea superioară a „tortilelor". Se presară cu zahăr pudră și se servește.

Biscuiti cu menta

face 12

100 g/4 oz/½ cană unt sau margarină, înmuiată

100 g/4 oz/½ cană zahăr pudră (super fin).

2 oua, batute usor

75 g/3 oz/¾ cană făină auto-crescătoare (auto-crescătoare)

10 ml/2 lingurițe pudră de cacao (ciocolată neîndulcită).

Putina sare

8 oz/11/3 căni de zahăr glazurat (cofetarie), cernut

30 ml/2 linguri apă

Câteva picături de colorant alimentar verde

Câteva picături de esență de mentă (extract)

Ciocolata cu menta, taiata in jumatate, pentru a decora

Bateți untul sau margarina și zahărul până devine ușor și pufos, apoi amestecați treptat ouăle. Se amestecă făina, cacao și sarea. Se toarnă în forme unse cu unt (forme de carne) și se coace în cuptorul preîncălzit la 200°C/400°F/termostat 6 timp de 10 minute până când se înmoaie la atingere. Lasa sa se raceasca.

Cerneți zahărul tos într-un bol și amestecați cu 15 ml/1 lingură de apă, apoi adăugați colorantul alimentar și esența de mentă după gust. Adăugați mai multă apă dacă este necesar pentru a obține o consistență care acoperă dosul lingurii. Peste fursecurile se intinde inghetata si se decoreaza cu ciocolata cu menta.

Fursecuri cu stafide

face 12

175 g/6 oz/1 cană stafide

250 ml/8 oz/1 cană apă

5 ml/1 linguriță bicarbonat de sodiu (praf de copt)

100 g/4 oz/½ cană unt sau margarină, înmuiată

100 g/4 oz/½ cană zahăr brun dulce

1 ou, batut

5 ml/1 lingurita esenta de vanilie (extract)

200 g/7 oz/1¾ cană făină simplă (universal)

5 ml/1 lingura praf de copt

Putina sare

Aduceți stafidele, apa și bicarbonatul de sodiu la fiert într-o cratiță și fierbeți timp de 3 minute. Se lasă să se răcească până se încălzește. Amestecați untul sau margarina și zahărul până când devine palid și pufos. Adaugam putin cate putin oul si esenta de vanilie. Amestecați amestecul de stafide, apoi amestecați făina, praful de copt și sarea. Se toarnă amestecul în forme de brioșe (hârtie) sau în forme de brioșe unse cu unt și se coace în cuptorul preîncălzit la 180°C/350°F/termostat 4 timp de 12-15 minute până când sunt fierte și aurii.

Strugurii cheamă

face 24

225 g/8 oz/2 căni de făină simplă (universal)

Un praf de condimente măcinate amestecate (plăcintă cu mere)

5 ml/1 linguriță bicarbonat de sodiu (praf de copt)

225 g/8 oz/1 cană zahăr pudră (super fin).

45 ml/3 linguri migdale măcinate

8 oz / 1 cană de unt sau margarină, topit

45 ml/3 linguri stafide

1 ou, batut usor

Amestecați ingredientele uscate și apoi amestecați untul topit sau margarina, urmate de stafidele și ouăle. Se amestecă bine într-o pastă tare. Se întinde pe o suprafață ușor făinată până la aproximativ ¼/5 mm grosime și se taie în fâșii de ¼/5 mm x 20 cm x 8 inci. Umeziți ușor partea de sus cu puțină apă, apoi rulați fiecare fâșie în sus de la capătul scurt. Se pune pe o tavă de copt unsă și se coace în cuptorul preîncălzit la 200°C/400°F/termostat 6 timp de 15 minute până devin aurii.

Prajituri cu zmeura

Face 12 chifle

225 g/8 oz/2 căni de făină simplă (universal)

7,5 ml/½ linguriță praf de copt

2,5 ml/½ linguriță. condimente măcinate (plăcintă cu mere)

Putina sare

75 g/3 oz/1/3 cană unt sau margarină

75 g/3 oz/1/3 cană zahăr pudră (superfin) plus suplimentar pentru stropire

1 ou

60 ml/4 linguri lapte

60 ml/4 linguri gem de zmeura (la conserva)

Se amestecă făina, praful de copt, condimentele şi sarea, apoi se amestecă untul sau margarina până când amestecul seamănă cu pesmet. Se amestecă zahărul. Se amestecă oul şi suficient lapte pentru a face un aluat tare. Împărțiți-le în 12 bile şi puneți-le pe o tavă de copt unsă. Faceți o gaură cu degetul în centrul fiecăruia şi turnați nişte dulceață de zmeură. Ungeți cu lapte şi stropiți cu zahăr pudră. Coaceți în cuptorul preîncălzit la 220°C/425°F/termostat 7 timp de 10-15 minute până devin aurii. Decorați cu puțină dulceață dacă doriți.

Prajituri cu orez brun si floarea soarelui

face 12

75 g/3 oz/¾ cană de orez brun fiert

50 g/2 oz/½ cană semințe de floarea soarelui

25 g/1 oz/¼ cană semințe de susan

40 g/1½ oz/¼ cană stafide

40 g/1½ oz/¼ cană cireșe glazurate (confiate), tăiate în sferturi

25 g/1 oz/2 linguri zahăr brun dulce

15 ml / 1 lingura de miere transparenta

75 g/3 oz/1/3 cană unt sau margarină

5 ml/1 lingurita suc de lamaie

Amestecați orezul, semințele și fructele. Topiți zahărul, mierea, untul sau margarina și sucul de lămâie și amestecați în amestecul de orez. Se toarnă în 12 forme de tort (hârtie de prăjitură) și se coace în cuptorul preîncălzit la 200°C/400°F/termostat 6 timp de 15 minute.

prăjituri rock

face 12

225 g/8 oz/2 căni de făină simplă (universal)

Putina sare

10 ml / 2 linguri de praf de copt

2 oz/¼ cană/50 g unt sau margarină

50 g/2 oz/¼ cană muschie de porc (scurtă)

2/3 cană/100 g amestec de nuci (amestec de prăjitură cu fructe)

100 g/4 oz/½ cană zahăr demerara

Coaja rasă de o jumătate de lămâie

1 ou

15-30 ml/1-2 linguri lapte

Se amestecă făina, sarea și praful de copt, apoi se amestecă untul sau margarina și untura până când amestecul seamănă cu pesmet. Se amestecă fructele, zahărul și coaja de lămâie. Bateți oul cu 15 ml/1 lingură de lapte, adăugați ingredientele uscate și amestecați până la o pastă tare, adăugând mai mult lapte dacă este necesar. Puneți mici grămadă de amestec pe o tavă unsă cu uns și coaceți în cuptorul preîncălzit la 200°C/400°F/termostat 6 timp de 15-20 de minute până devin aurii.

Biscuiți cu piatră fără zahăr

face 12

75 g/3 oz/1/3 cană unt sau margarină

175 g/6 oz/1¼ cană făină de grâu integral (grâu integral)

50 g/2 oz/½ cană făină de ovăz

10 ml / 2 linguri de praf de copt

5 ml/1 lingurita scortisoara macinata

100 g/4 oz/2/3 cană stafide (stafide aurii)

coaja de la 1 lamaie

1 ou, batut usor

90 ml/6 linguri lapte

Frecați untul sau margarina în făină, praf de copt și scorțișoară până când amestecul seamănă cu pesmet. Se amestecă stafidele și coaja de lămâie. Adăugați oul și suficient lapte pentru a obține un amestec omogen. Puneți câte linguri într-o tavă unsă și coaceți în cuptorul preîncălzit la 200°C/400°F/termostat 6 timp de 15-20 de minute până devin aurii.

Fursecuri cu șofran

face 12

Un praf de șofran măcinat

75 ml/5 linguri de apă clocotită

75 ml/5 linguri de apă rece

100 g/4 oz/½ cană unt sau margarină, înmuiată

225 g/8 oz/1 cană zahăr pudră (super fin).

2 oua, batute usor

225 g/8 oz/2 căni de făină simplă (universal)

10 ml / 2 linguri de praf de copt

2,5 ml/½ linguriță sare

175 g/6 oz/1 cană stafide (stafide aurii)

175 g/6 oz/1 cană coajă amestecată tocată (confiată)

Înmuiați șofranul în apă clocotită timp de 30 de minute, apoi adăugați apă rece. Bateți untul sau margarina și zahărul până devine ușor și pufos, apoi amestecați treptat ouăle. Se amestecă făina cu praful de copt și sarea, apoi se amestecă 50g/2oz/½ cană din amestecul de făină cu stafidele și coaja amestecată. Adaugam faina in amestecul cremos alternativ cu apa de sofran si adaugam fructele. Se toarnă în pahare pentru brioșe (hârtie) sau în cești pentru brioșe unse cu făină și se coace în cuptorul preîncălzit la 190°C/375°F/termostat 5 timp de aproximativ 15 minute până când se înmoaie la atingere.

baba de rom

face 8

100 g/4 oz/1 cană făină tare (pâine)

5 ml/1 linguriță drojdie uscată amestecată ușor

Putina sare

45 ml/3 linguri lapte caldut

2 oua, batute usor

2 oz/¼ cană/50 g unt sau margarină, topită

25 g / 1 oz / 3 linguri de coacăze

Pentru sirop:

250 ml/8 oz/1 cană apă

75 g/3 oz/1/3 cană zahăr granulat

20 ml/4 lingurite suc de lamaie

60 ml/4 linguri rom

Pentru inghetata si decor:

60 ml/4 linguri gem de caise (conservă), cernută (filtrată)

15 ml/1 lingura de apa

¼ cană/2/3 cană/150 ml smântână pentru frișcă sau smântână dublă (grea)

4 cireșe glazurate (confiate), tăiate în jumătate

Câteva felii de angelica, tăiate în triunghiuri

Amestecați făina, praful de copt și sarea într-un bol și faceți un godeu în mijloc. Se amestecă laptele, ouăle și untul sau margarina, apoi se bate făina până se omogenizează. Se amestecă coacăzele. Se toarnă aluatul în opt forme rotunde individuale (forma tuburi) unse și înfăinate, astfel încât să se ridice doar o treime din forme. Se acopera cu folie alimentara unsa (folie de plastic) si se lasa la loc caldut 30 de minute pana cand aluatul se ridica la suprafata formelor. Coaceți în cuptorul preîncălzit la 200°C/400°F/termostat 6 timp de 15 minute până devin aurii. Rasturneaza cratitele si lasa sa se raceasca 10 minute, apoi desfac prajiturile si aseaza-le pe o farfurie mare, putin adanca. Înțepăți-le peste tot cu o furculiță.

Pentru a face siropul, încălziți apa, zahărul și sucul de lămâie la foc mic, amestecând până se dizolvă zahărul. Se mărește focul și se aduce la fierbere. Se ia de pe foc si se adauga romul. Se toarnă siropul fierbinte peste fursecuri și se lasă la macerat 40 de minute.

Se încălzește jeleul și apa la foc mic până se amestecă bine. Ungeți slim-urile și puneți-le pe o farfurie de servire. Bateți smântâna și pipa în centrul fiecărui prăjitură. Decorați cu cireșe și angelica.

Fursecuri cu bile de burete

face 24

5 gălbenușuri de ou

75 g/3 oz/1/3 cană zahăr pudră (super fin).

7 albusuri

75 g/3 oz/¾ cană făină de porumb (amidon de porumb)

50 g/2 oz/½ cană făină simplă (universal)

Bateți gălbenușurile cu 15 ml/1 lingură zahăr până când sunt palide și groase. Bateți albușurile spumă și apoi adăugați restul de zahăr până când devine gros și lucios. Amestecați făina de porumb cu o lingură de metal. Îndoiți jumătate din gălbenușuri în albușuri folosind o lingură de metal, apoi pliați gălbenușurile rămase. Amesteca foarte atent faina. Transferați amestecul într-o plină de paste prevăzută cu o duză standard de 2,5 cm (vârf) și transformați în chifteluțe rotunde, bine distanțate, într-o tavă unsă și tapetată (tort). Coaceți în cuptorul preîncălzit la 200°C/400°F/termostat 6 timp de 5 minute,

Biscuiti cu zahar cu ciocolata

face 12

5 gălbenușuri de ou

75 g/3 oz/1/3 cană zahăr pudră (super fin).

7 albusuri

75 g/3 oz/¾ cană făină de porumb (amidon de porumb)

50 g/2 oz/½ cană făină simplă (universal)

60 ml/4 linguri gem de caise (conservă), cernută (filtrată)

30 ml/2 linguri apă

1 cantitate de glazura de ciocolata copta

150 ml/¼ pt/2/3 cană smântână pentru frișcă

Bateți gălbenușurile cu 15 ml/1 lingură zahăr până când sunt palide și groase. Bateți albușurile spumă și apoi adăugați restul de zahăr până când devine gros și lucios. Amestecați făina de porumb cu o lingură de metal. Îndoiți jumătate din gălbenușuri în albușuri folosind o lingură de metal, apoi pliați gălbenușurile rămase. Amesteca foarte atent faina. Transferați amestecul într-o plină de paste prevăzută cu o duză standard de 2,5 cm (vârf) și transformați în chifteluțe rotunde, bine distanțate, într-o tavă unsă și tapetată (tort). Coaceți în cuptorul preîncălzit la 200°C/400°F/termostat 6 timp de 5 minute, apoi reduceți temperatura cuptorului la 180°C/350°F/termostat 4 pentru încă 10 minute, până când este gata. Transferați pe un grătar.

Fierbeți gemul și apa până când se îngroașă și se amestecă bine, apoi ungeți blatul prăjiturii. Lasa sa se raceasca. Înmuiați ciupercile în glazură de ciocolată și lăsați să se răcească. Bateți smântâna până se întărește și apoi prăjiturile tip sandwich se combină cu smântâna.

bulgări de zăpadă de vară

face 24

100 g/4 oz/½ cană unt sau margarină, înmuiată

100 g/4 oz/½ cană zahăr pudră (super fin).

5 ml/1 lingurita esenta de vanilie (extract)

2 oua, batute usor

225 g/8 oz/2 căni de făină auto-crescătoare (auto-crescătoare)

120 ml/½ cană lapte

120 ml / 4 fl oz / ½ cană smântână dublă (grea)

25 g/1 oz/3 linguri zahăr glazurat (cofetarie), cernut

60 ml/4 linguri gem de caise (conservă), cernută (filtrată)

30 ml/2 linguri apă

150 g/5 oz/1¼ cană nucă de cocos deshidratată (mărunțită)

Amestecați untul sau margarina și zahărul până devin ușoare și pufoase. Adaugam treptat esenta de vanilie si ouale, apoi adaugam faina alternativ cu laptele. Se toarnă amestecul în forme de brioșe unse cu unt și se coace în cuptorul preîncălzit la 180°C/350°F/termostat 4 timp de 15 minute până când sunt bine umflate și elastice la atingere. Transferați pe un grătar pentru a se răci. Tăiați partea de sus a brioselor.

Bateți smântâna și zahărul pudră până se întăresc, apoi turnați puțin pe fiecare brioșă și puneți capacul. Se incinge gemul cu apa pana se omogenizeaza, apoi se vopsesc blatul brioselor si se presara generos cu nuca de cocos.

Picături de ciuperci

face 12

3 oua, batute

100 g/4 oz/½ cană zahăr pudră (super fin).

2,5 ml/½ linguriță esență de vanilie (extract)

100 g/4 oz/1 cană făină simplă (toate scopuri)

5 ml/1 lingura praf de copt

100 g/4 oz/1/3 cană gem de zmeură (conservă)

¼ pct/2/3 cană/150 ml smântână dublă (grea), bătută

Zahăr pudră, cernut, pentru stropire

Puneți ouăle, zahărul tos și esența de vanilie într-un castron termorezistent peste o cratiță cu apă clocotită și amestecați până când amestecul se îngroașă. Scoateți vasul din oală și amestecați făina și praful de copt. Puneți lingurițe mici din amestec pe o tavă unsă cu uns și coaceți în cuptorul preîncălzit la 190°C/375°F/termostat 5 timp de 10 minute până devin aurii. Transferați pe un grătar și lăsați să se răcească. Acoperiți picăturile cu gem și smântână și stropiți cu zahăr pudră pentru a servi.

Bezea de bază

Faceți 6-8

2 albusuri

100 g/4 oz/½ cană zahăr pudră (super fin).

Într-un castron curat, fără grăsimi, bate albușurile până când încep să formeze vârfuri moi. Adăugați jumătate din zahăr și continuați să bateți până când amestecul formează vârfuri tari. Se amestecă ușor zahărul rămas folosind o lingură de metal. Tapetați o tavă de copt cu hârtie de copt și așezați 6-8 teancuri de bezea pe foaie. Uscați bezeaua la cuptor cât mai jos timp de 2-3 ore. Se răcește pe un grătar.

Bezea de migdale

face 12

2 albusuri

100 g/4 oz/½ zahăr tos (super fin).

100 g/4 oz/1 cană migdale măcinate

Câteva picături de esență de migdale (extract)

12 jumătăți de migdale pentru a decora

Bate albusurile energic. Adăugați jumătate din zahăr și continuați să bateți până când amestecul formează vârfuri tari. Se adauga restul de zahar, migdalele macinate si esenta migdalelor. Împărțiți amestecul în 12 cercuri într-o tavă unsă și tapetată cu unt și puneți jumătate de migdale în fiecare. Coaceți în cuptorul preîncălzit la 130°C/250°F/termostat ½ timp de 2-3 ore până devine crocant.

Biscuiți spanioli cu bezea și migdale

face 16

225 g/8 oz/1 cană zahăr tos

225g/8oz/2 cesti migdale macinate

1 albus de ou

100 g/4 oz/1 cană migdale întregi

Bateți zahărul, migdalele măcinate și albușurile într-o pastă fină. Formați o minge și aplatizați aluatul cu un sucitor. Se taie felii mici si se pune intr-o tava unsa cu unt. Presă o migdale întreagă în centrul fiecărui biscuit (tort). Coaceți în cuptorul preîncălzit la 160°C/325°F/termostat 3 timp de 15 minute.

Coșuri cu bezea dulce

face 6

4 albusuri

8–9 oz/225–250 g/11/3–1½ cani de zahăr pudră (de cofetarie), cernut

Câteva picături de esență de vanilie (extract)

Într-un castron curat, fără grăsimi, rezistent la căldură, bate albușurile spumă până devin pufoase, apoi bate treptat zahărul pudră, urmat de esența de vanilie. Pune vasul peste o tigaie cu apă fierbinte ușor și amesteci până când bezeaua își menține forma și lasă o urmă groasă când telul este ridicat. Tapetați o tavă de copt (tort) cu hârtie de copt și trasați șase cercuri de 7,5 cm/3 pe hârtie. Folosind jumătate din amestecul de bezea, întindeți un strat de bezea în interiorul fiecărui cerc. Restul se pune intr-o punga de patiserie si se aseaza doua straturi de bezea in jurul marginii fiecarei baze. Se usucă într-un cuptor preîncălzit la 150°C/300°F/termostat 2 timp de aproximativ 45 de minute.

Chips de migdale

face 10

2 albusuri

100 g/4 oz/½ cană zahăr pudră (super fin).

75 g/3 oz/¾ cană migdale măcinate

25 g/1 oz/2 linguri unt sau margarină, moale

1/3 cană/2 oz/50 g zahăr glazurat (cofetarie), cernut

10 ml/2 linguriţe pudră de cacao (ciocolată neîndulcită).

50 g/2 oz/½ cană ciocolată simplă (semidulce), topită

Bate albusurile spuma pana se formeaza varfuri tari. Adăugaţi treptat zahărul granulat. Se amestecă migdalele măcinate. Folosind o duză de ½"/1 cm (vârf), întindeţi amestecul în lungimi de 2"/5 cm pe o foaie de copt unsă uşor cu ulei. Coaceţi în cuptorul preîncălzit la 140°C/275°F/termostat 1 timp de 1 oră până la 1h30. Lasa sa se raceasca.

Se amestecă untul sau margarina, zahărul pudră şi cacao. Sandvişează câteva fursecuri (biscuiţi) cu umplutura. Topiţi ciocolata într-un castron rezistent la căldură peste o cratiţă cu apă fierbinte uşor. Înmuiaţi vârfurile bezelor în ciocolată şi lăsaţi să se răcească pe un grătar.

Bezele spaniole de migdale și lămâie

face 30

150 g migdale albite

2 albusuri

Coaja rasă de o jumătate de lămâie

200 g/7 oz/lite 1 cană zahăr tos (super fin).

10 ml/2 lingurițe suc de lămâie

Prăjiți migdalele într-un cuptor preîncălzit la 150°C/300°F/termostat 2 timp de aproximativ 30 de minute până când sunt aurii și aromate. Se toacă grosier o treime din nuci și restul se macină mărunt.

Bate albusurile energic. Se amestecă coaja de lămâie și două treimi din zahăr. Adăugați sucul de lămâie și bateți până se întărește și devine lucios. Adăugați restul de zahăr și migdalele măcinate. Se amestecă migdalele tăiate. Puneți paharele de bezea pe o tavă de copt unsă și tapetată cu folie și puneți-le în cuptorul preîncălzit. Coborâți imediat temperatura cuptorului la 110°C/225°F/termostat ¼ și coaceți aproximativ 1 oră și 30 de minute până se usucă.

Bezele acoperite cu ciocolată

face 4

2 albusuri

100 g/4 oz/½ cană zahăr pudră (super fin).

100 g/4 oz/1 cană ciocolată simplă (semidulce)

¼ pct/2/3 cană/150 ml smântână dublă (grea), bătută

Într-un castron curat, fără grăsimi, bate albușurile până când încep să formeze vârfuri moi. Adăugați jumătate din zahăr și continuați să bateți până când amestecul formează vârfuri tari. Se amestecă ușor zahărul rămas folosind o lingură de metal. Tapetați o tavă de copt (tort) cu hârtie de copt și puneți pe foaie opt teancuri de bezea. Uscați bezeaua la cuptor cât mai jos timp de 2-3 ore. Se răcește pe un grătar.

Topiți ciocolata într-un castron rezistent la căldură peste o cratiță cu apă fierbinte ușor. Se lasa putin sa se raceasca. Înmuiați ușor patru bezele în ciocolată pentru a acoperi exteriorul. Se lasă pe hârtie de pergament (cerată) până se fixează. Ungeți o bezea acoperită cu ciocolată și una simplă cu smântână, apoi repetați cu bezea rămasă.

Bezele de ciocolată și mentă

face 18

3 albusuri

100 g/4 oz/½ cană zahăr pudră (super fin).

75 g/3 oz/¾ cană de mentă acoperită cu ciocolată mărunțită

Bate albusurile energic. Adaugam zaharul treptat pana cand albusurile devin tari si lucioase. Menta tocata a revenit. Puneți lingurițe mici de amestec într-o tavă unsă și tapetată cu unt și coaceți în cuptorul preîncălzit la 140°C/275°F/termostat 1 timp de 1 oră și jumătate până se usucă.

Chips de ciocolată și bezele cu nucă

face 12

2 albusuri

175 g/6 oz/¾ cană zahăr pudră (super fin).

50 g/2 oz/½ cană chipsuri de ciocolată

1 oz/¼ cană nuci, tocate mărunt

Preîncălziți cuptorul la 190°C/375°F/termostat 5. Bateți albușurile spumă până formează vârfuri moi. Adăugați treptat zahărul și bateți până când amestecul formează vârfuri tari. Se amestecă bucățile de ciocolată și nucile. Puneți linguri de amestec pe hârtie de copt și puneți la cuptor. Opriți cuptorul și lăsați să se răcească.

Bezea de alune

face 12

100 g/4 oz/1 cană alune de pădure

2 albusuri

100 g/4 oz/½ cană zahăr pudră (super fin).

Câteva picături de esență de vanilie (extract)

Păstrați 12 nuci pentru ornat și zdrobiți restul. Bate albusurile energic. Adăugați jumătate din zahăr și continuați să bateți până când amestecul formează vârfuri tari. Se adauga restul de zahar, pudra de alune si esenta de vanilie. Împărțiți amestecul în 12 cercuri într-o tavă (tort) unsă și tapetată cu unt și puneți în fiecare o nucă rezervată. Coaceți în cuptorul preîncălzit la 130°C/250°F/termostat ½ timp de 2-3 ore până devine crocant.

Tort cu strat de bezea cu nuci

Coaceți o prăjitură de 9"/23 cm

Pentru tort:

2 oz/¼ cană/50 g unt sau margarină, înmuiată

150 g/5 oz/2/3 cană zahăr tos (super fin).

4 ouă, separate

100 g/4 oz/1 cană făină simplă (toate scopuri)

10 ml / 2 linguri de praf de copt

Putina sare

60 ml/4 linguri lapte

5 ml/1 lingurita esenta de vanilie (extract)

2 oz/½ cană/50 g nuci pecan, tocate mărunt

Pentru crema de patiserie:

250 ml/8 oz/1 cană lapte

50 g/2 oz/¼ cană zahăr tos (super fin).

50 g/2 oz/½ cană făină simplă (universal)

1 ou

Putina sare

120 ml / 4 fl oz / ½ cană smântână dublă (grea)

Pentru a face tortul, bateți untul sau margarina cu ½ cană/4 oz/100 g zahăr până devine ușor și pufos. Adăugați puțin câte puțin gălbenușurile, apoi adăugați făina, praful de copt și sarea, alternând cu laptele și esența de vanilie. Se toarna in doua forme unse si tapetate cu un diametru de 23 cm si se netezeste suprafata. Albusurile se bat spuma, apoi se amesteca cu restul de zahar si se bat din nou pana se taie si devine lucios. Se intinde peste amestecul de tort si se presara cu nuca. Coaceți în cuptorul preîncălzit la 150°C/300°F/termostat 3 timp de 45 de minute până când bezeaua se usucă. Transferați pe un grătar pentru a se răci.

Pentru a face crema de patiserie, amestecati o parte din lapte cu zaharul si faina. Aduceți restul de lapte la fiert într-o cratiță, turnați peste amestecul de zahăr și amestecați până se omogenizează. Se toarnă laptele înapoi în tigaia spălată și se aduce la fierbere, amestecând continuu, apoi se fierbe, amestecând, până se îngroașă. Se ia de pe foc si se amesteca oul si sarea si se lasa putin sa se raceasca. Bateți smântâna până se întărește și apoi amestecați în amestec. Lasa sa se raceasca. Vopsiți prăjiturile cu crema de patiserie.

Macaroane felii cu alune

face 20

175 g/6 oz/1½ cană alune de pădure, decojite

3 albusuri

225 g/8 oz/1 cană zahăr pudră (super fin).

5 ml/1 lingurita esenta de vanilie (extract)

5 ml/1 lingurita scortisoara macinata

5 ml/1 lingură coajă de lămâie rasă

hartie de orez

Tocați grosier 12 alune, apoi amestecați restul până se măcina fin. Bate albusurile usoare si pufoase. Adăugați treptat zahărul și continuați să bateți până când amestecul formează vârfuri tari. Se adauga alunele, esenta de vanilie, scortisoara si coaja de lamaie. Așezați lingurițe grămadă pe o foaie de copt tapetată cu hârtie de orez (tort) și aplatizați în fâșii subțiri. Se lasă să se întărească 1 oră. Coaceți în cuptorul preîncălzit la 180°C/350°F/termostat 4 timp de 12 minute până când sunt fermi la atingere.

Strat de bezea și nuci

Coaceți o tavă de tort de 10 inchi/25 cm

100 g/4 oz/½ cană unt sau margarină, înmuiată

400 g/14 oz/1¾ cană zahăr tos (super fin).

3 galbenusuri de ou

100 g/4 oz/1 cană făină simplă (toate scopuri)

10 ml / 2 linguri de praf de copt

120 ml/½ cană lapte

100 g/4 oz/1 cană nuci

4 albusuri

8 fl oz / 1 cană smântână dublă (grea)

5 ml/1 lingurita esenta de vanilie (extract)

Pudră de cacao (ciocolată neîndulcită) pentru stropire

Bateți untul sau margarina și 75 g zahăr până devine ușor și pufos. Adaugam putin cate putin galbenusurile si incorporam faina si drojdia, alternand cu laptele. Împărțiți aluatul în două unse și înfăinate 25 cm/10 (formă). Păstrați câteva jumătăți de nucă pentru decor, restul se toacă mărunt și se presară peste fursecuri. Albusurile se bat spuma, apoi se adauga zaharul ramas si se bat din nou pana devine gros si lucios. Se intinde peste prajituri si se coace in cuptorul preincalzit la 180°C/350°F/termostat 4 timp de 25 de minute, acoperind prajitura cu hartie de pergament (cerata) spre finalul coacerii daca bezeaua incepe sa se rumeneasca prea mult. Se lasa la racit in forme,

Amestecați smântâna și extractul de vanilie până la fermitate. Întindeți prăjiturile cu bezea în sus cu jumătate de cremă și întindeți restul deasupra. Se decoreaza cu nucile rezervate si se presara cacao cernuta.

munții de bezea

face 6

2 albusuri

100 g/4 oz/½ cană zahăr pudră (super fin).

¼ pct/2/3 cană/150 ml smântână dublă (grea).

12 oz/350 g căpșuni feliate

25 g/1 oz/¼ cană ciocolată simplă (semidulce), rasă

Bate albusurile energic. Adăugați jumătate din zahăr și bateți până devine gros și lucios. Se amestecă zahărul rămas. Întindeți șase cercuri de bezea pe hârtie de copt într-o tavă. Coaceți în cuptorul preîncălzit la 140°C/275°F/termostat 1 timp de 45 de minute până când devine ușor auriu și crocant. Interiorul va rămâne destul de moale. Scoateți din tavă și lăsați să se răcească pe un grătar.

Bateți smântâna până se întărește. Se tape sau se toarnă jumătate din cremă peste cercurile de bezea, se decorează cu fructe și apoi se decorează cu restul de cremă. Se presara ciocolata rasa deasupra.

Bezea cu crema de zmeura

Pentru 6 persoane

2 albusuri

100 g/4 oz/½ cană zahăr pudră (super fin).

¼ pct/2/3 cană/150 ml smântână dublă (grea).

30 ml/2 linguri de zahăr pudră (cofetarii).

225g/8oz zmeură

Într-un castron curat, fără grăsimi, bate albușurile până când încep să formeze vârfuri moi. Adăugați jumătate din zahăr și continuați să bateți până când amestecul formează vârfuri tari. Se amestecă ușor zahărul rămas folosind o lingură de metal. Tapetați o foaie de copt cu hârtie de copt și întindeți mici vârtejuri de bezea pe foaie. Uscați bezeaua la cuptor cât mai jos timp de 2 ore. Se răcește pe un grătar.

Bateți smântâna cu zahărul pudră până se întărește, apoi amestecați zmeura. Folosiți-l pentru a stivui perechi de bezele și așezați-le pe o farfurie de servire.

Fursecuri ratafia

face 16

3 albusuri

100 g/4 oz/1 cană migdale măcinate

225 g/8 oz/1 cană zahăr pudră (super fin).

Bate albusurile energic. Adăugați migdalele și jumătate din zahăr și bateți din nou până se întăresc. Se amestecă zahărul rămas. Așezați rondelele mici pe o foaie de copt unsă și tapetată și coaceți în cuptorul preîncălzit la 150°C/300°F/termostat 2 timp de 50 de minute până se usucă și devine crocant pe margini.

Vacherin Caramel

Coaceți o prăjitură de 9"/23 cm

4 albusuri

225 g/8 oz/1 cană zahăr brun dulce

50 g/2 oz/½ cană alune tocate

½ pct/1¼ cană/300 ml smântână dublă (groasă)

Câteva alune întregi de decorat

Bate albusurile spuma pana formeaza varfuri moi. Bateți treptat zahărul până când devine tare și lucios. Introduceți bezea într-o pungă prevăzută cu un vârf standard de 1 cm (vârf) și întindeți două spirale de bezea de 23 cm pe o tavă unsă și tapetată (tort). Se presară cu 15 ml/1 lingură nucă mărunțită și se coace în cuptorul preîncălzit la 120°C/250°F/termostat ½ timp de 2 ore până devine crocantă. Transferați pe un grătar pentru a se răci.

Bateți smântâna până se întărește, apoi adăugați nucile rămase. Foloseste cea mai mare parte din crema pentru a asambla bazele de bezea, apoi decoreaza cu restul de crema si decoreaza cu alune intregi.

Chifle simple

face 10

225 g/8 oz/2 căni de făină simplă (universal)

Putina sare

2,5 ml/½ linguriță bicarbonat de sodiu (praf de copt)

5 ml/1 lingura crema de tartru

2 oz/50 g/¼ cană unt sau margarină, tăiate cubulețe

30 ml/2 linguri lapte

30 ml/2 linguri apă

Se amestecă făina, sarea, bicarbonatul de sodiu și crema de tartru. Frecati cu unt sau margarina. Adăugați încet laptele și apa până se formează un aluat omogen. Framantam rapid pe o suprafata de lucru infainata pana se omogenizeaza, apoi se intinde la 1½ cm grosime si se taie in felii de 5 cm/2 cu un taietor. Puneți scones (biscuiții) pe o tavă unsă cu uns și coaceți în cuptorul preîncălzit la 230°C/450°F/termostat 8 pentru aproximativ 10 minute până când sunt bine umflați și aurii.

Scones bogate cu ouă

face 12

2 oz/¼ cană/50 g unt sau margarină

225 g/8 oz/2 căni de făină auto-crescătoare (auto-crescătoare)

10 ml / 2 linguri de praf de copt

25 g/1 oz/2 linguri zahăr tos (super fin).

1 ou, batut usor

100 ml/3½ fl oz/6½ linguri de lapte

Frecați untul sau margarina în făină și praf de copt. Se amestecă zahărul. Se amestecă oul și laptele până se formează un aluat omogen. Se framanta usor pe o suprafata de lucru infainata, apoi se intinde la aproximativ ½/1 cm grosime si se taie in rondele de 2/5 cm cu un taietor de biscuiti. Rulați umplutura și tăiați. Puneți scones (biscuiții) pe o tavă unsă cu uns și coaceți în cuptorul preîncălzit la 230°C/450°F/termostat 8 timp de 10 minute sau până devin aurii.

scones cu mere

face 12

225 g/8 oz/2 căni de făină de grâu integral (grâu integral).

20 ml/1½ linguriță praf de copt

Putina sare

2 oz/¼ cană/50 g unt sau margarină

30 ml/2 linguri măr fiert ras

1 ou, batut

150 ml/¼ pt/2/3 cană lapte

Combinați făina, praful de copt și sarea. Frecați untul sau margarina și apoi amestecați mărul. Amestecați treptat oul și suficient lapte pentru a obține un aluat neted. Se intinde pe o suprafata usor infainata la aproximativ 5 cm/2 grosime si se taie rondele cu ajutorul unui taietor. Puneți scones (biscuiții) pe o foaie de copt unsă și ungeți cu oul rămas. Coaceți în cuptorul preîncălzit la 200°C/400°F/termostat 6 timp de 12 minute până devin ușor aurii.

scones cu mere si nuca de cocos

face 12

2 oz/¼ cană/50 g unt sau margarină

225 g/8 oz/2 căni de făină auto-crescătoare (auto-crescătoare)

25 g/1 oz/2 linguri zahăr tos (super fin).

30 ml/2 linguri nucă de cocos deshidratată (răzuită)

1 măr (desert), curățat de coajă, fără miez și tăiat în bucăți

¼ pct/2/3 cană/150 ml iaurt simplu

30 ml/2 linguri lapte

Frecați untul sau margarina în făină. Adăugați zahărul, nuca de cocos și mărul, apoi amestecați iaurtul într-o pastă netedă, adăugând puțin lapte dacă este necesar. Se intinde pe o suprafata usor infainata pana la o grosime de aproximativ 1/2 cm si se taie rondele cu ajutorul unui taietor. Puneți scones (biscuiții) pe o tavă unsă cu uns și coaceți în cuptorul preîncălzit la 220°C/425°F/termostat 7 timp de 10-15 minute până când sunt bine umflați și aurii.

Scones cu mere și curmale

face 12

2 oz/¼ cană/50 g unt sau margarină

225 g/8 oz/2 căni de făină simplă (universal)

5 ml/1 linguriță amestecuri de condimente (plăcintă cu mere)

5 ml/1 lingura crema de tartru

2,5 ml/½ linguriță bicarbonat de sodiu (praf de copt)

25 g/1 oz/2 linguri zahăr brun dulce

1 măr mic (tartă), fiert, curățat de coajă, fără miez și tăiat bucăți

2 oz / 1/3 cană curmale (sâmbure), tocate

45 ml/3 linguri lapte

Frecați untul sau margarina în făina, amestecul de condimente, crema de tartru și bicarbonatul de sodiu. Se amestecă zahărul, mărul și curmalele, apoi se adaugă laptele și se amestecă într-un aluat omogen. Se framanta usor, apoi se intinde pe o suprafata tapata cu faina pana la o grosime de 2,5 cm/1 si se taie in foi cu un taietor de biscuiti. Pune scones (biscuiti) pe o tava unsa cu unt si coace in cuptorul preincalzit la 220°C/425°F/termostat 7 timp de 12 minute pana devin aurii.

Scones de orz

face 12

175 g/6 oz/1½ cană făină de orz

50 g/2 oz/½ cană făină simplă (universal)

Putina sare

2,5 ml/½ linguriță bicarbonat de sodiu (praf de copt)

2,5 ml/½ linguriță smântână de tartru

25 g/1 oz/2 linguri de unt sau margarină

25 g/1 oz/2 linguri zahăr brun dulce

100 ml/3½ fl oz/6½ linguri de lapte

Gălbenuș de ou pentru glazură

Se amestecă făina, sarea, bicarbonatul de sodiu și crema de tartru. Frecați untul sau margarina până când amestecul seamănă cu pesmet, apoi amestecați zahărul și suficient lapte pentru a obține un aluat neted. Se intinde pe o suprafata usor infainata la ¾/2 cm grosime si se taie rondele cu ajutorul unui taietor. Puneți chiflele (biscuiții) pe o tavă unsă (tort) și ungeți cu gălbenuș de ou. Coaceți în cuptorul preîncălzit la 220°C/425°F/termostat 7 timp de 10 minute până devin aurii.

Scones de curmale

face 12

225 g/8 oz/2 căni de făină de grâu integral (grâu integral).

2,5 ml/½ linguriță bicarbonat de sodiu (praf de copt)

2,5 ml/½ linguriță smântână de tartru

2,5 ml/½ linguriță sare

40 g/1½ oz/3 linguri unt sau margarină

15 ml/1 lingură zahăr tos (super fin).

2/3 cană / 4 oz / 100 g curmale fără sâmburi, tocate

Aproximativ 100 ml/3½ fl oz/6½ linguri de unt

Se amestecă făina, bicarbonatul de sodiu, crema de tartru și sarea. Ungeți untul sau margarina, apoi amestecați zahărul și curmalele și faceți un godeu în mijloc. Amestecați treptat suficientă zară pentru a obține un aluat fin. Întindeți-l într-un strat gros și tăiați-l în triunghiuri. Puneți scones (biscuiții) pe o tavă unsă cu uns și coaceți în cuptorul preîncălzit la 230°C/450°F/termostat 8 timp de 20 de minute până devin aurii.

Scones cu ierburi

face 8

175 g/6 oz/¾ cană unt sau margarină

225 g/8 oz/2 căni de făină universală (pâine)

15 ml / 1 lingura praf de copt

Putina sare

5 ml/1 lingurita zahar brun

30 ml/2 linguri amestec de ierburi uscate

60 ml/4 linguri lapte sau apă

Uscați laptele

Frecați untul sau margarina în făină, praf de copt și sare până când amestecul seamănă cu pesmet. Se amestecă zahărul și ierburile. Adăugați suficient lapte sau apă pentru a face un aluat moale. Se întinde pe o suprafață ușor înfăinată până la aproximativ ¾/2 cm grosime și se taie rondele cu un tăietor de prăjituri. Așezați chiflele (biscuiții) pe o foaie de copt unsă și ungeți cu lapte. Coaceți în cuptorul preîncălzit la 200°C/400°F/termostat 6 timp de 10 minute până când sunt bine umflați și aurii.

www.ingramcontent.com/pod-product-compliance
Lightning Source LLC
Chambersburg PA
CBHW050151130526
44591CB00033B/1258